How To Become a Rich Earlier

일찍 부자가 되기 위한
경제지식

| 최명식 지음 |

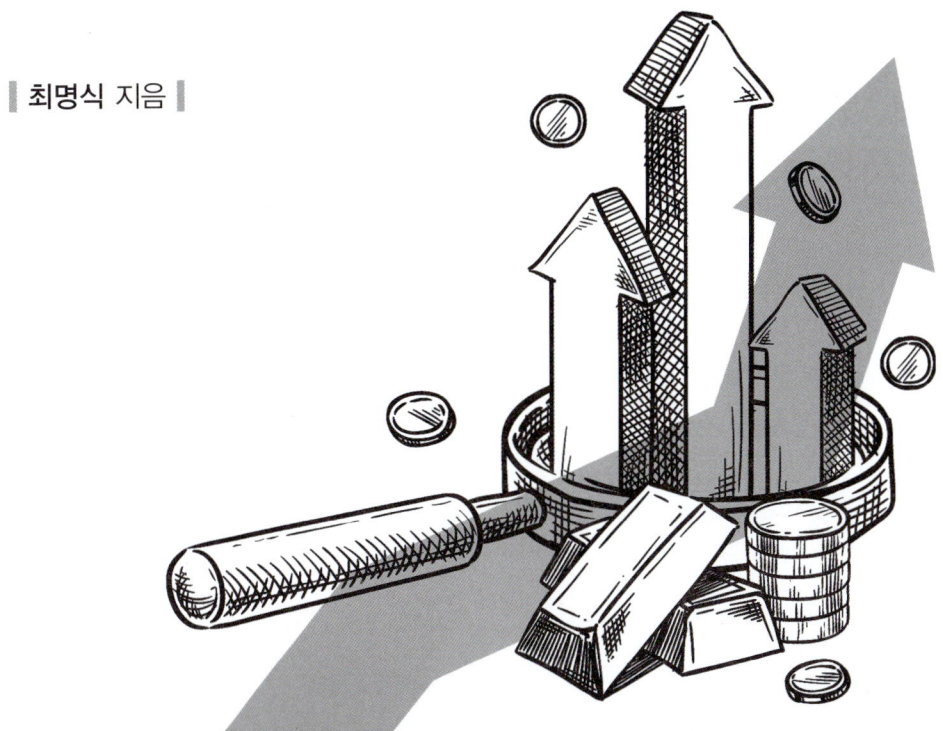

Human Science
휴먼싸이언스

일찍 부자가 되기 위한 경제지식

초판 인쇄 : 2023년 12월 20일
초판 발행 : 2024년 1월 3일

저　자 : 최 명 식
발행인 : 박 주 옥
발행처 : 휴먼싸이언스
주　소 : 서울시 도봉구 시루봉로 291 B1(도봉동 613-14 숙진빌딩)
전　화 : (02) 955-0244
팩　스 : (02) 955-0245
e-mail : humansci@naver.com
표지디자인 : 성지은

등록번호 : 제2008-20호
등록일 : 2008. 10. 13

ISBN : 979-11-89057-41-1 (93320)

정가 19,000원

* 파본이나 잘못된 책은 구입처나 본사에서 교환하여 드립니다.
* 이 책의 전체 내용이나 일부를 무단으로 복사・복제・전재하는 것은 저작권법에 저촉됩니다.

소개말

　골프나 테니스를 잘치기 위해서 몸에 힘을 빼고 공 하나에 성심을 다하라고 합니다. 우리 경제도 부드럽고 조심스럽게 다루면서 중요한 순간에 임팩트를 가해야 만족한 결과를 얻을 수 있겠지요. 일상생활에서 어떤 임팩트를 가해야 만족한 결과로 행복해질까요?

　지금부터 '왜'보다는 '어떻게'로 질문하고 대책을 마련해보세요. '왜'는 어떤 일의 이유이자 본질입니다. 반면 '어떻게'는 '왜'의 실현을 위한 방향성과 전략입니다. 위대한 리더와 조직, 뛰어난 사람들은 의사결정이나 과제를 진행함에 있어 '왜'로 그 본질을 확인해보고 '어떻게'로 해결의 과정을 실천해나가면서 목표한 결과에 도달합니다.

　힘들거나 어려울 때 왜 아픔이 올까요? 주변이나 내 자신에 대해 원망이 있기 때문입니다. 원망은 스트레스를 야기하고 우울증이나 불안증이 엄습해 오게 만들어 정신질환으로 착각할 만큼 힘들게 하면서 긍정적인 삶을 혼탁하게 합니다. 아픈 지난 감정을 정리하지 않고 상처를 그대로 두면, 세월이 흘러 잠시 잊혀질 수 있으나 무의식에 남아 성장장애가 될 수 있습니다.

경제적 어려움이 닥쳐올 때도 왜 이런 일이 발생했는지라는 질문만 반복하면 해결 방법을 찾기가 어렵습니다. 그렇다면, 어떻게 해결할 수 있을까 라는 새로운 방법을 고민하는 것이 지혜입니다. 과거에 머물기보다는 현재에서부터 미래로 나아가야 합니다. 일상생활에서 직면하는 크고 작은 경제적 문제들을 '왜'가 아닌 '어떻게'에 집중하여 풀어 가면 불행을 벗어나 더 행복해질 수 있을 것입니다.

평범한 일상생활에서 이 책은 '어떻게'의 시각에서 만들어졌습니다. 부유한 마음과 생각으로 행동하는 자질에 대한 인식, 변화, 조작을 통해 행복한 리치가 되는데 기여할 것입니다. 어떤 것이 진짜인지 궁금하고 혼란과 의심을 가질 수밖에 없어 복잡한 지금에 필요한 리즈를 제공합니다.

차례

1장 부유하게 생각하고 판단하기

01 경제와 동행하며 행복해지기   2
02 거미줄을 닮은 경제에서 변화하려면   7
03 잠재능력이 실현될 경제적 생각   11
04 경제적 사고는 순환하는 생각   16
05 경제적 사고와 판단의 관점   21
06 생활에서 필요한 판단력은 합리적 의사결정   25
07 경제 논리의 구분   30
08 미래경제는 어떻게 판단하는가?   34

2장 부(재산)가 모이는 원리

09 부의 줄기-자본주의에서 우선 중요한 것   40
10 진정한 자본주의 철학-경제적 자유주의   43
11 일상생활에서 중요한 경제상식   47
12 자본주의 경제는 시장경제   51
13 부를 창출하는 자유시장의 상호관계   56
14 경제문제를 해결하는 시장질서   60
15 경제발전의 한계   65
16 경제질서의 결함에서 정부역할   70

17 경제체제의 여러 갈래	75
18 경제학의 발전과 논쟁	79

3장 국민경제에서 부자가 되는 방법

19 경제적 행복의 측정	86
20 경제성장의 열매 맺기 —생산성, 저축과 투자, 금융	94
21 거시경제의 열매 맺기 —정부재정, 통화정책, 재정정책	103
22 회피해야 할 경기침체와 실업	117
23 재무기초–화폐의 미래가치와 현재가치	124
24 재무기초–위험관리	128
25 재무기초–자산가치평가	133
26 경제균형 상태로 돌아가려면	138
27 시장실패와 정부개입	142

4장 세계경제에서 부자가 되는 방법

28 자유주의 세계화	152
29 국제무역의 열매 맺기–무역의 이익과 형태	158
30 국제무역이론의 변천 및 정책	164
31 국제무역의 열매 맺기–다국적 생산과 글로벌 가치사슬	172

CONTENTS

32 국제금융—국제수지, 국제유동성, 국부   179
33 국제금융이론의 동향   189
34 국제금융—국제통화 중심의 외환거래와 환율결정   200
35 환율변동위험과 환위험 측정   207
36 환위험 관리와 헤징   215
37 환율변동의 경제적 영향   221

5장 행복해지는 사랑의 리치

38 자본주의 정신의 변천: 보수와 진보 사이의 경제적 갈등   230
39 고령화 경제에서 행복한 어른이 되기   236
40 자본주의경제와 민주주의 사이의 불공평한 충돌   241
41 21세기 경제 패러다임에서 책임지는 행복   246
42 실패의 자리에서 회복하는 기쁨—리치한 삶   251

마치는 말   256

1장

부유하게 생각하고 판단하기

01

경제와 동행하며 행복해지기

일상생활에서 사람들은 경제와 함께 걷기를 좋아합니다. 경제는 홀로 있는 것이 아니라 사람과 같이 걷습니다. 사람들은 단순히 경제와 걸어가는 것이 아니라 경제적 판단 및 행동을 다하는 동행을 합니다. 경제를 알아야 재테크도 잘하고 세상이 어떻게 돌아가는지를 알 수가 있다는 말입니다.

우리는 경제와 평범하게 동행하는 것을 좋아합니다. 내 옆에 동행하는 경제가 그 무엇이 되어도 좋습니다. 동네를 거닐 때는 주변의 물건을 사고 팔기도 하고, 재테크로 주식이나 부동산에 투자해 볼 수 있습니다. 온라인에서 거래되는 각종 자산들도 좋은 투자의 대상이 됩니다.

우리 옆에서 매일 동행하고 있는 경제는 더할 나위 없이 귀한 존재입니다. 날마다 어떻게 소득을 얻어 무슨 물질을 사면서 즐겨야 할지를 고민할 수 있어서 참 좋습니다. 가만히 보면, 우리가 좋아하는 것들은 경제와의 동행입니다. 일생에 기쁠 때나 슬플 때나 경제가 있었지요. 교양을 지키고 굴곡이 없는 삶을 사는 것은 경제와의 동행을 잘 붙잡고 있어서가 아닐까 생각해봅니다.

지금 이 순간부터는 모든 이들이 바로 옆자리에서 함께 변해가는 경제적인 동행을 바라보면서 헤매던 암흑 같은 자리를 벗어나 늘 행복에 감사하길 바랍니다.

사람들이 부유하게 살거나, 가난하게 살거나 두 종류로 나뉘게 되는 이유는 아무래도 경제적 만족의 시선 때문입니다. 우리는 사회적 편견과 선입견에서 완전히 자유하지 못한다는 말입니다. 좋지 않은 선입견을 갖기 이전에 특출한 노력을 인정해주지 않고 성취에 대한 존경만 있다는 것입니다.

우리 사회에서는 부유하거나 가난한 사람들에 대한 다소 부정적인 시선이 기본적으로 깔려 있습니다. 부자를 나보다 나은 성실한 사람으로 보지 않고 부정한 비리로 돈을 많이 챙긴 사람으로 보지요. 혹은 빈곤한 사람이 아무리 바르게 열심히 살아도 무능한 사람에서 벗어나기 어렵습니다. 정리하면, 한쪽에서는 효율적 성과 측면에서 부자만 부지런히 성공한 사람으로 생각하고, 다른 한쪽에서 부자는 공평한 과정적 차원에서 상대적 박탈감을 안겨주는 부패한 가진 자가 된다는 말입니다.

사회 구조적으로, 이런 국가적 분위기를 개선하는 것이 중요합니다. 어른들이 아이들에게 나아갈 길에 대한 방향을 잡는 일을 옆에서 도와주듯이 정부를 비롯한 기득권층도 이를 위해 앞장서야 할 것입니다. 대다수가 가난하지 않고 풍족하게 살아가는 문제의 내용을 분석적으로 이해하고, 시대적으로 해석하고, 합리적으로 평가하여 바람직하게 개선해나가는 것은 중요한 작업입니다.

예전에는 소득 수준이나 계급적 사고방식에 따라 부유한 상류계층 자본가와 가난한 하류층 노동자로 구분했지만, 21세기부터는 사회가 복잡해지고 기술 고도화로 전문화되면서 이러한 계층의식이 모호해지고 있습니다. 교양, 소득, 문화적으로 중산층에 속한다고 편하게 말하는 사람들이 많아지고 중산층과 저소득층을 서민으로 묶는 경향도 강해졌습니다. 어떤 식으로든 중산층으로 살아가는 사람들이 부자에 비해 부족한 상황 속에서도 풍족한 생활을 영위하듯이 가난한 사람에 비해 여유를 가지게 됩니다.

중산층의 존재는 그 국가의 도덕성이나 세금수입 등 사회적 수준을 가늠할 수 있는 척도가 될 수 있기 때문에 자본의 이동에 따라 중산층이 증가할수록 사회가 안정되어 바람직해지고, 중산층이 저소득층으로 하락할 때 온갖 사회적 문제가 파급됩니다. 따라서 아무리 많이 하였다고 하더라고 국민들이 원하는 것으로 균형을 이루지 못하면 유용성은 상실됩니다. 균형이란 바람직하게 조화로운 상태를 이루는 것을 의미합니다. 못 지킨다는 자책과 괴로움 속에서도 국민이 바라는 것을 할 때 감동을 줍니다.

경제생활에 대한 우리의 자세는 확실해야 합니다. 경제적으로 무엇을 하든지 확실하고 분명하게 해야 합니다. 현대 경제는 치열한 경쟁사회로 변하여 마치 전쟁터 같은 모습입니다. 내가 가지기 위해서 남의 것을 빼앗기도 하고, 자녀의 진학이나 취업을 위해 온 가족이 희생할 정도로 힘듭니다.

이럴수록 우리는 똑똑한 부자로서 명분 있는 행복의 확실성을 가져야 합니다. 성경이 말하는 어리석은 부자와 달리, 생명을 지키도록 물질을 구하고, 영혼을 담는 육신을 건강하게 가꾸는 똑똑한 리치가 되기를 바랍니다. 사람은 누구나 성공하기를 원합니다. 일상생활에서 스스로의 노력에 의해 경제적 역할을 잘 감당할 때 세상에서 성공적 삶을 살고 훌륭한 모범이 될 수가 있습니다.

풍요롭고 성공있는 경제생활을 위해서는 지식과 행위가 균형을 이루어야 합니다. 경제적 지식 없이 행동만 하면 비체계적 운명주의에 빠지기 쉽고, 실제로 경제활동 없이 지식만 공부하면 비현실주의에 빠지기 쉽습니다. 그러므로 경제지식을 공부하면서 경제활동을 해나가는 조화와 균형이 반드시 필요합니다.

또한, 우리는 가계나 국가 경제가 좋은 방향으로 나갈 수 있도록 도움을 주어야겠다라는 마음가짐으로 임해야 합니다. 그래야 경제와 함께 나갈 수가 있습니다. 일상 속에서 경제활동을 할 때 다른 사람들의 행동을 잘 들여다보고 호응을 해주면 좋은 점이 있다고 봅니다. 처음 시작할 때는 내가 경제활동에 서툴기 때문에 주변경제의 모습을 살펴 이에 대처하는 끊임없는 연습이 필요합니다. 정신을 바짝 차리고 지금 하는 일이 경제 원리에 맞는 것인가를 생각하고 그 생각과 함께 경제 효과를 만드는 것을 실천하는 연습을 해야 합니다.

테니스를 칠 때 연습한 시간이 많을수록 실수가 줄고 파워도 생깁니다. 이처럼 내가 경제의 기본 원리를 이해하여 경제정책을 수립하고 경제를 잘 관리하는 훈련을 얼마나 했느냐에 따라 어떤 경제인이 되느냐가 결정되는 것이지요. 경제 뉴스를 이해하고 상황의 변화를 판단하여 투자 재테크로 성공할 확률도 높아질 것입니다. 그리하여 일상생활에서 숙련이 되어 풍요로움의 행복이 가득 차기를 바랍니다.

거미줄을 닮은 경제에서 변화하려면

평범한 일상생활에서 대부분 사람들은 할 수 있는 최선을 다하고 있습니다. 그렇지만 결과를 결정하는 것은 사회에 속한 사람들의 노력뿐만 아니라 사회구조입니다. 원하는 경제적 결과를 얻을 수 있으려면 전반적인 경제구조를 잘 이해하여 의사결정할 수 있는 능력을 배양해야 합니다.

상품(옷, 음식, 쌀 등의 물건으로서 대가를 주고 얻을 수 있는 것)과 서비스(금융거래, 미용, 여행, 예체능처럼 손으로 만질 수 없는 것)를 통칭한 재화를 얻기 위한 과정에서 생산, 분배, 소비하는 행위가 벌어지는데 이것들을 묶어 경제라고 말합니다. 경제에서 사람들은 욕구를 채우기 위해 재화를 사고 팝니다.

경제는 국내외 여러 부분이 서로 의존해 상호 작용하기 때문에 매우 복잡합니다. 경제구조가 안정적이라면 모든 부분이 서로 잘 맞물려서 돌아가듯이 경제시스템이 잘 작동할 것입니다. 그렇지만 안정된 상태에서 어떤 부분을 변경하려면 연결된 다른 부분들을 고려하지 않고는 문제가 생깁니다. 그래서 경제의 변화나 개혁이 어렵습니다.

뉴스에서 흔히 볼 수 있듯이 수많은 정치인들이 최선을 다해 노력해도 결국 구조적인 저항에 막혀 실망만 안겨주는 경우가 많습니다. 어떤 변화를 추진하든, 어떤 정책으로 취해 조작하든, 그 결과는 기득권의 빠른 변화에 대한 저항 때문에 허망해지는 경우가 많습니다. 거대한 관료와 공무원 조직, 엄청난 자본권력(다국적기업과 자본가), 다수의 참여권력(노조와 시민단체) 등이 대표적인 저항의 화신입니다. 바꾸지 않으려는 행동 그 자체가 강력해서가 아니라, 강한 저항의 원천은 그와 연관된 밥그릇 싸움 같은 경험적 이익이 크기 때문입니다.

가계나 기업은 물론 국가적으로도 안정적인 경제 운영이 정말 중요합니다. 경제에 안정성이 없다면 경기변동이 크게 요동치고, 기업가치도 등락할 것이고, 사소한 경기침체에도 가계가 깨질 것입니다. 따라서 무엇이 되었든 경제적 변화를 시도할 때는 안정성 측면에서의 변화에 대한 저항, 즉 현재의 상태나 현상을 유지하려는 힘을 예상해야 합니다. 경제가 변하려면 넘어야 할 문턱인 임계점이 있습니다. 경제에 압력이 축적되어 임계점 부근에 도달한 상태라면, 정확한 연결관계만 파악할 수 있어도 손쉽게 변화를 이룰 수가 있습니다.

달리 말하면, 우리는 정체 가운데서 변하지 않도록 붙잡고 있는 습관성이나 이익추구적인 인과관계 연결고리를 잘 살펴봐야 합니다. 그 연결을 끊거나 약하게 하던지 새롭게 다시 만들면 변화가 더 쉽게 일어날 수 있다는 말입니다. 또한, 경제에서는 한 부분을 바꾸면 그 영향을 받는 부분이 다시 다른 부분에까지 영향을 줍니다. 경제에 대해 단 하나만 바꿀 수는 없다는 것이지요. 부작용도 있을 수 있다는 말입니다. 경제 구조를 잘 이해해야만 해로운 부작용이 없이 원하는 효과를 내도록 변화를 시도할 수 있을 것입니다.

경제는 물질의 풍요를 가져다주면서 우리의 생활을 행복하게 해주는 시스템입니다. 과학, 정보 등이 진보되는 이 시대에서, 기술과 지식이 발달하는 만큼 경제가 성장함에 따라 우리의 삶은 편리해지고 경제적으로 윤택해지고 있습니다. 그러나 항상 경제적으로 풍족하지는 않습니다. 경제적 어려움이 닥쳐올 때가 많습니다. 그 때가 힘든 상황을 파악하고 새로운 대책을 강구하는 변화의 선택이 필요할 시점입니다. 힘든 현실을 인식하여, 문제를 해결할 새로운 방법의 변화를 실천하고, 전략과 정책을 잘 조작하여 물질적 풍요로움을 지속해나가야 행복해집니다.

경제는 사회적 기구입니다. 사람이라는 토양 없이 경제가 있을 수 없습니다. 경제가 건강하게 성장하기 위해서는 결국 개인과 기업이 좋아야 합니다. 좋은 땅에서 좋은 식물이 자라듯이 우리는 토양에 대한 관심을 늘 가져야 합니다. 이때 중요한 것은 우리가 경제에 흡수되는 것이 아니라 경제를 변화시켜 나갈 수 있어야 한다는 점입니다.

　가족이나 사회구성원이 정말 원하는 경제를 만든다는 것은 그 힘을 기르는 것입니다. 그런 면에서 개인과 정부가, 특히 기업이 생산의 주체로서 의지와 능력을 가져야 합니다. 일자리와 세금을 제공하는 것을 사회가 옹호한다하여 기업의 잘못된 생산활동에 대해 적당히 넘어가는 것은 옳지 않습니다. 우리는 침묵으로 동조하지 말고 분명히 말할 수 있어야 합니다. 그래야 변화가 일어납니다…….

03

잠재능력이 실현될 경제적 생각

우리는 여러 가지 사회 이슈에 따른 주변의 경제 이야기들에 대해서 정확한 판단능력을 배양해야 합니다. 일상의 삶에서 수많은 거래관계를 통해 나오는 이득과 손실에 대한 경제적 분별력을 항상 분명하게 해둘 필요가 있습니다. 우리가 사는 세상은 점점 다양하고 복잡하게 연결되어 멀리에서 발생한 경제적 사건이 내 삶을 흔들 수 있기 때문입니다.

예를 들면, 우크라이나 지역에서 발생한 전쟁이 곡물가격의 인상으로 나타나고, 정부정책의 변화나 소문이 이웃의 부동산 가격을 바꾸기도 합니다. 이에 따라, 경제적 사고방식이 사건들 사이의 인과관계 등 어떤 패턴을 찾아봄으로써 사건이나 충격을 더 잘 이해하고 그 결과에 영향을 미칠 수 있도록 도와줍니다.

특히, 우리가 몇 가지 규칙과 패턴을 파악해주는 경제적 사고를 잘하면 미래를 준비할 수 있습니다. 경제적인 생각을 잘하면 사건이나 충격이 만들어내는 패턴을 파악할 수 있다는 것이지요. 그러면 경제적 상황을 어느 정도 통제할 수 있으므로 삶을 주도할 수 있습니다. 어떤 사건이 발생할지 예측할 수 있으므로 그 사건이 일어났을 때 당하지 않도록 미리 준비할 수 있다는 말입니다.

경제적인 사고능력이 좋아지면 경제문제에 대처하는 효과적인 해결 방법을 알게 됩니다. 그 문제를 일으킨 과거의 불합리한 사고방식을 버리고, 새로운 합리적인 사고방식을 배우면서 최선의 결과를 낳을 수 있는 경제활동을 취하게 됩니다.

그래서 사람들은 매사에 충동적으로 행동하지 않고 합리적인 의사결정을 내리도록 단련해야 합니다. 자신이 처한 주어진 조건 하에서, 수익 극대화나 최고의 만족을 누리는 목적을 달성하기 위해 최선을 다해 체계적이고 계획적으로 행동하는 사람이 바로 합리적인 사람입니다. 합리적 사람의 경제활동은 자연스럽게 부유해질 것입니다.

반대로, 충동적 행동은 즉각적인 만족을 추구하거나 이성적이지 못한 감정에 기반을 둔 비논리적인 판단을 하기 때문에 효율성이 떨어집니다. 개인 능력의 제약으로 충분한 정보를 확보하지 못하거나 명확한 분석을 수행하지 못하는 경우, 심리나 감정적인 충동요인과 편향적 사고를 가진 경우, 사회적 영향과 군중 심리에 영향을 받는 경우, 이 모두가 합리적 판단을 방해하고 충동적인 행동으로 이어질 수 있습니다.

예컨대, 불합리적인 사람들은 돈과 재산을 대하는데 있어 너무 느슨하거나 급하게 생각하는 경향이 있습니다. 나중에 큰 재산을 모아야한다거나, 빨리 돈을 벌어야한다는 부담을 마음에 안고 삽니다. 자본 축적에 대한 너무 느슨하거나 조급한 생각은 종종 과소내지 과도한 재테크와 비즈니스로 이어집니다.

생각을 잘해야, 행동이 제대로 이루어지고 그 결과도 좋아진다는 말이 있습니다. 경제인의 사고방식은 어떻게 하는 것일까요? 경제지식을 활용하여 합리적으로 의사결정하는 것입니다. 합리적인 사고는 올바른 방향을 찾는 생각으로서 더 깊게 멀리 내다보는 사고이므로 명료한 생각과 의사소통의 기초가 됩니다. 전체와 부분 및 각 부분들의 연결관계를 함께 보려는 사고로서 비판을 넘어 경제현상을 정확하게 꿰뚫을 수 있어 최선의 결과를 낳을 수 있는 선택적 행위를 하도록 도와줍니다.

예컨대 원인과 결과를 정확하게 구분하지 못하면 우리는 경험과 학습에서 많이 배울 수가 없고, 좋은 의사결정을 해낼 수도 없습니다. 경제적 문제의 해결책이 상식에 반하는 경우에도 경제논리가 잘못된 길로 인도하거나 문제 상황을 더 악화시킬 수 있습니다. 또한, 변화에 도전을 앞두고 불안해질 때는 그 감정을 인정한 다음에 중요한 것에 집중하는 것이 좋습니다. 이처럼 우리의 행동을 이끄는 신념과 가치관을 더욱 합리적으로 만들어 인지방식 및 외부에 영향을 미치는 판단력을 높여야 합니다.

일상생활에서 합리적 사고를 잘하면, 사람들의 행동 동기 및 복잡한 업무과정 등을 이해함으로써 경제문제에 대해 창의적·효율적인 개선 방법을 찾아낼 수 있고 효과적인 단체 활동과 조직 구축에도 도움이 됩니다. 또한, 해오던대로의 습관적인 사고방식을 지양하게 해주고, 더 탐구적이고 분명한 행동을 밝혀줄 것입니다. 합리적 사고를 잘해서 합리적인 행동이 만들어주는 경제적 행복을 매사에 많이 얻으시기를 바랍니다.

경제는 각 부분의 평범한 상호작용을 통해 스스로 유지하며 발전해나갑니다. 각 부분 간의 일상적인 관계와 상호적 영향이 중요합니다. 모든 부분은 서로 의존하며 상호 작용을 합니다. 따라서 사람들의 비즈니스나 국가 경제는 복잡해지고 있습니다.

단순하게 말하면, 복잡계는 무수히 많은 변수들이 상호작용하면서 새로운 질서를 만들어가는 현상입니다. 혼돈스럽게 보이는 곳에서도 일정한 규칙성을 찾을 수 있다는 것입니다.

복잡한 경제 속에서 합리적 사고란 우리가 생각할 대상의 경제적 특성이 세부사항의 횡적 복잡성인지, 혹은 동적 복잡성인지를 구분해 대처하는 것입니다. 즉, 어떤 것을 구성하는 부분들이 서로 다르고 개수가 많을 때는 세부사항이 횡적으로 복잡한 것이지요. 이 경우는 대개 세부사항을 단순화하고, 몇 가지 집단으로 묶고, 조직화하는 방법을 사용합니다. 반면에 각 부문이 시간 변화에 따라 여러 가지 다른 상태로 변할 수 있어서 일부 구성부분 들이 다양한 방법으로 연결되면 역동적으로 복잡한 것이지요. 이 경우는 어느 한 부분의 시변에 반응하여 기존의 상태나 관계 자체가 달라지기 때문에 각 부분들 간의 경제적 관계가 중요합니다. 아무리 작더라도, 부분은 상호 관계를 통해 전체 경제의 움직임에 영향을 미칩니다.

경제는 많은 연결들에 의해 부분들이 복잡하게 결합되어 있습니다. 그래서 사람이나 직무 같은 경제활동의 부분은 경제적 관계를 통해서 전체 경제에 영향을 미칠 수 있는 힘을 얻습니다. 영화처럼 엄청나지 않아도 일상의 평범한 연결이 많을수록 영향력도 커지겠지요. 성공한 사람은 합리적인 사고를 가지고 그렇지 못한 분들보다 더 많은 시간을 다양한 일상적 관계의 형성에 쓰면서 영향력을 넓히고 있습니다. 사람들을 만나고 실무를 해보는 것뿐만 아니라 이들을 디테일하게 시뮬레이션해 생각해보는 것을 통해 관계적 효과가 커질 것입니다.

04

경제적 사고는 순환하는 생각

경제적 생각은 직선이 아니라 원형의 고리를 따라 주고받는 사고를 합니다. 경제를 구성한 부분들은 모두 연결되어 있어서, 대부분이 양방향이나 다양한 방향으로 영향을 미치는 관계를 형성합니다. 그래서 한 부분의 변화는 경제 전체로 연쇄적으로 퍼져나가며 영향을 미치게 됩니다.

경제적 사고의 핵심은 행동한 결과가 되먹임 되어 그 다음 행위에 영향을 미치면서 피드백 고리도 형성할 수 있다는 맥락에서의 순환적 사고를 말합니다. 순환적 사고는 우리 생활에서 큰 부분을 차지합니다. 최근의 순환적 생각으로 강조된 폐기물 재활용의 순환 고리는 희소한 자원과 환경의 지속 가능한 사용을 돕습니다.

경제적 사고는 대개 하나의 행동이 그 다음 행동이나 현상에 영향을 미치는, 원인과 결과 혹은 순차적인 연쇄 고리로 연결됩니다. 대부분은 과거의 원인이 현재의 결과를 발생시키거나 현재의 원인이 미래의 결과를 야기합니다. 거꾸로, 미래 예측이 현재에 영향을 미치기도 합니다. 이는 자기 충족적 기대를 만든다는 말입니다.

예를 들면, 경제성장과 고용증가가 소득을 증가시켜 경제발전으로 이어지듯이 경제 변화가 되먹임 되어 최초의 변화를 동일한 방향으로 증폭시킬 수 있습니다. 반대로, 차익거래와 수요·공급의 가격질서 같은 균형(평형)처럼 최초 변화의 반대 방향으로 영향을 미치거나 최초 변동의 영향력을 약화시켜 경제를 안정적으로 유지시키는 기능을 합니다.

경제는 목적을 가지고 있습니다. 경제적 목적이란 경제의 바람직한 상태로서 균형상태를 말합니다. 균형은 경제의 목적과 현재 상태 사이의 차이를 줄이는 방향으로 작동합니다. 현재 상황에서 경제는 목표를 향해 스스로 나아갑니다. 자율적으로 균형을 이루어간다는 것입니다.

현재 상태가 목표를 향해 움직임으로서 그 차이를 줄이거나 목표 기준을 낮춰 차이를 줄일 수 있습니다. 이에 따른, 한 나라의 경제균형이란, 대외 경제변수 등 여타 상황이 일정하게 고정되어 주어졌을 때, 소비자의 효용극대화와 기업의 이윤극대화 문제를 해결하고, 재화, 노동, 자산 시장을 모두 청산시켜주는 가격과 수량의 모임을 말합니다. 특히, 경제가 최초 균형으로부터 교란되었다가 복원

되는 지점이 있는데 이 균형점이 순환적 고리들이 서로 평형을 이루고 있는 곳입니다.

여기서 중요한 것은 연결고리를 바꾸는 변화는 경제를 새로운 균형점으로 이끌기 때문에 지속적인 변화의 결과를 만들어준다는 것입니다. 다만, 경제가 복잡해질수록 순환적 효과가 나타나기까지 걸리는 시간은 더 길어질 것입니다. 순차적 사건 사이의 시간지연이나 시차효과를 고려할 필요가 있습니다.

예를 보면, 가격의 상승과 하락, 호황과 불황 등의 주기적 패턴은 원인과 결과 사이의 시간지연을 갖는 균형을 찾아가는 과정에 의해 발생한 것입니다. 복잡한 경제에서는 결과가 그 원인이 시작된 이후 오랜 시간이 지나서야 나타날 수 있습니다. 결과를 확인할 수 있는 시점이 되면 이 연관관계를 정확히 구분하기 어려울 수 있습니다. 그리하여 결과를 어쩔 수 없는 불운의 난관처럼 여겨 처한 상황을 탓하게 됩니다. 그러나 이것은 과거의 행동 때문에 생긴 결과입니다.

경제현상에서 인과관계는 단순하지 않습니다. 원인과 결과가 명백한 경우가 있지만 반박의 여지가 있어 보이는 경우도 상당합니다. 우리가 종종 사용하듯 다른 모든 조건이 일정하거나 주어졌다고 가정하고서 원인과 결과나 순차적 사건을 연결해서 생각할 때, '다른 모든 조건'은 우리가 고려할 대상이 속해있는 상위 개념입니다. 따라서 현실에서 어떤 인과관계는 생각보다 훨씬 복잡합니다.

예를 들어, 실업이 가난한 결과의 원인이라는 주장처럼 둘 사이의 연결 관계가 이보다 훨씬 복잡하고 논쟁의 여지가 있습니다. 이 주장은 '다른 모든 조건'이 같을 경우에 참일 수 있지만 어떤 경우에나 성립한다고 확신할 수 없습니다.

가난의 원인은 무엇인가? 같은 어려운 질문에 대답을 해야 할 때 사람들은 실업, 낮은 교육수준, 재산축적 부족, 산업 붕괴, 불공정한 보상 등 같은 요인을 나열하는 경향이 있지요. 또한, 각 요인을 평가해 가장 중요한 것부터 덜 중요한 것까지 순서를 매깁니다. 그러나 원인은 고정돼 있지 않고 변하면서 각 요인의 상대적 중요도가 변하게 됩니다. 따라서 경제적 사고에서는 요소 간의 공간과 시간 변화적 연쇄관계에 따라 어떤 사건의 원인이 되거나 결과가 된다고 봅니다.

어떤 원인과 결과, 즉 입력과 반응은 늘 비례하지 않습니다. 가끔 행동을 취해도 아무런 결과도 못 만들 때가 있습니다. 이는 문턱 같은 임계점 때문인데요. 입력이 임계점 이하일 때는 아무런 반응도 발생하지 않다가 임계점에 도달하는 순간부터 반응이 일어납니다.

통계적 개념을 활용해 원인과 결과를 분석할 때 회귀분석을 사용합니다. 회귀란 어떤 사건의 원인과 결과를 수량적으로 연결 짓는 개념입니다. 회귀의 원리란 특정 사건은 평균값으로 돌아가는 경향이 있으므로 평균적 일반성에 기초해서 판단하는 것을 말합니다. 이 회귀원리를 고려하지 않고 예외적인 사건에 기초해 판단하는 것은 위험합니다.

만약 우리가 경제적 습관을 바꾸고 싶다면, 먼저 습관을 유지하는 요인이 무엇이고, 습관을 통해 무엇을 하여 어떤 결과를 낳는지 파악해야 합니다. 습관에 따른 원인과 결과를 회귀분석하여 그 결과에 기초해 판단할 수 있다는 것입니다.

습관의 변화를 통해, 우리가 얻는 중요한 것이 무엇인지? 그것이 지금 얼마나 중요한가? 그리고 성과를 낼 더 좋은 방법이 무엇인가? 를 찾을 수 있을 것입니다. 우리는 경제생활 가운데 자연환경과 생태계와의 관계까지 더 깊이 생각해보고, 습관이나 관행을 바꾸어, 우리의 행동이 미래에도 지속 가능할 수 있도록 만들어 나가야 할 것입니다.

경제적 사고와 판단의 관점

사람은 학교는 물론 경험에서 배웁니다. 우리가 하는 모든 것으로부터 학습할 수 있습니다. 학습을 하면 경제를 더 잘 이해하게 되며, 새로운 능력을 습득해 전에 못했던 것을 할 수도 있습니다. 예컨대 국내기업이 국제무역을 시작하면 글로벌 기술과 마케팅에 관한 학습효과를 얻어 수출입을 더 많이 하기도 합니다.

경제적 의사결정은 경제활동의 결과가 되먹임 되어 그 다음 행위에 영향을 미치는바, 사람들은 어느 정도의 목적을 염두에 두고 행동합니다. 현재 위치와 도달할 목표 간의 차이를 좁히려는 행위를 학습이 도와줍니다. 우리가 목표한 최선의 결과를 얻으려면, 해오던 습관적으로 목표에 맞춰 행동하면 힘들겠고 학습한 의사결정을 하고서 행동해야 합니다.

경제적 변화와 혁신을 일으키기 위해서는, 반응을 살펴서 결과에 따라 행동하는 단순 학습을 넘어서 그 상황을 다른 각도에서 보고 새로운 전략을 도출하는 생성적 학습이 필요합니다. 단순 학습이 기업의 생산능력을 높이겠지만 생성적 학습은 생산성 제고는 물론 새로운 분야를 개척하도록 해줄 것입니다. 예를 들어, 체인 편의점은 단지 식료품만 구입하는 장소가 아니라 식당처럼 음식을 사먹고, 우체국의 택배 업무를 하고, 현금카드도 발급하는 은행업무도 할 수 있다고 생각하는 것입니다.

사람의 관점은 바라보는 시점입니다. 늘 생각하는 것에 대해서도, 관점을 바꾸어보면 달리 보일 수 있습니다. 경제적 사고는 일상생활 속에서 물질을 바라보는 새로운 관점을 요구합니다. 가능한 한 다양한 관점으로 바라볼수록 경제를 더 잘 이해할 수가 있습니다.

경제적 관점은 객관적 혹은 주관적일 수 있습니다. 객관적이란 의미는 경제 밖에서 안으로 바라보는 것으로 많은 사람들이 신뢰하는 것입니다. 과학적으로 증명내지 반증하면서 객관성을 추구합니다. 반면에 주관적이라는 의미는 경제 안에서 밖을 보는 것으로 신뢰도가 떨어집니다. 이때는 다른 사람들과 공유한 경험이 진실하고 명쾌한 대답을 해줍니다.

경제학은 사회과학으로서 가능한 한 객관적 관점을 취하려 합니다만, 경제적 사고는 객관적 관점과 주관적 관점 모두를 사용합니다. 사람들의 행동이 경제가 원하는 결과를 만드는 지를 판단하기 위해서는 전체를 봐야 합니다. 따라서 둘 다 필요하지만 상황에 따라서 어느 관점을 취해야 할지 아는 것은 중요합니다.

또한, 우리가 객관성을 지향한다고 해도 우리가 속한 경제의 밖에 서있을 수 없기 때문에 객관적 관점을 완벽하게 추구할 수 없습니다. 그리고 자신의 의도를 기준으로 부족한 결과를 배려하려는 자신의 주관적 관점과, 타인은 의도를 보지 않고 결과로서 판단하는 타인에 대한 주관적 관점을 구분할 필요가 있습니다.

경제적으로 추구하는 유용한 관점을 크게 효율성과 형평성으로 나눌 수 있습니다. 효율성은 최소비용으로 최대효과를 얻는다는 성장을 위한 원칙입니다. 재원이 한정되어 있을 때, 최대 효과를 얻도록 가용 자원을 사용하거나 일정한 생산량을 달성하기 위해 사용되는 자원을 최소화하는 것을 의미합니다. 이와 달리, 형평성이란 경제발전의 혜택이 사회구성원 사람들에게 균등하게 분배되는 것을 말합니다.

효율성은 희소한 자원을 가지고 최대의 효과를 만드는 것을 말합니다. 무한한 욕구에 비해 자원이 부족하기 때문에 경제는 효율성을 우선적으로 강조합니다. 경제적으로 성장하기 위해 경쟁 및 능력을 중시한다는 말입니다. 자유경쟁, 무한능력 등을 통해 물건을 생산할 때나 소비할 때, 그리고 자원을 배분할 때 효율적으로 해야 한다는 것입니다.

그러면 경제적 문제를 어떻게 해결하는 것이 효율적일까요. 시장을 통해 경제 문제를 해결하는 것이 효율적인 방법일 것입니다. 예를 들면, 기업은 시장에서 소비자가 사기를 원하는 물건을 필요한 수량만큼 생산해서 판매하는 것입니다. 또, 기업이 이윤을 최대한 많이 가져가는 방식이나 생산비용을 최소화하는 방식으로 재화를 생산하는 것입니다. 그리고 선호 지불용의 및 지불할 소득능력을 가진 소비자가 생산된 물건을 구매하는 것입니다.

한편, 효율성을 강조한 결과로서 능력 및 경쟁에 따라 가져가는 분배소득이 차이가 나기 때문에 형평성 관점을 추구합니다. 형평성이란 효율성을 강조해 나타난 경제적 번영의 혜택인 소득을 사람들에게 보다 공평하게 분배하려는 속성을 말합니다. 더불어 살기위해 사람들 간의 소득과 재산의 격차를 줄이려는 것입니다.

예컨대 형평성 차원에서 경제적으로 어려운 사람들을 돕기 위해서 사회복지제도나 실업보험제도 같은 수단을 통해 최초의 소득을 다시 재분배하고 있습니다. 경제의 지속 가능성을 위해 혹은 사회복지 명목으로 정부가 부자에게 세금을 더 많이 걷어서 가난한 사람을 도와준다는 말입니다.

생활에서 필요한 판단력은 합리적 의사결정

　각자 우리는 처한 제약 하에서 행복을 최대화하기 위해서는 매순간 최선의 선택을 내려야합니다. 어떻게 행동하는가를 보면 생각과 언행의 진실성을 판단할 수 있고, 행동한 결과를 보면 근면성이나 능력을 판단할 수 있습니다. 시대적인 창의적 사고, 정직하고 성실한 말과 실천을 비롯해, 지식을 습득하여 합리적 의사결정을 내릴수록 과정과 결과에서 효율성이 높아 성과가 커집니다.

　사람은 남녀노소 구분 없이 누구나 경제적인 욕구를 가지고 있습니다. 맛나는 음식을 먹고, 예쁜 옷을 입고, 고급 차를 사고, 해외여행도 자주 가고, 안전한 집에서 편하게 살고 싶듯이 더 많은 것을 원하고 있지만 세상에는 항상 제약이 따릅니다. 건강과 시간이 있어도 돈이 부족한 경우가 많습니다.

이처럼, 물질적 풍요로움의 욕망을 충족시키는데 필요한 자원이 부족하기 때문에 사람들은 그 해결 방안을 강구하고자 노력을 기울이는 합리적 행동을 선택합니다. 인간의 욕구에 비해 자원이 부족한 희소성의 원리 때문에 사람들은 합리적으로 의사결정을 해야 한다는 말입니다. 희소성은 선택을 언제나 요구하는바 희소성의 문제를 피하기 위해서 우리는 합리적인 선택을 해야 합니다.

합리적 의사결정이 우리를 항상 부자로 만들지는 않습니다만, 일상에서 합리적으로 행동하도록 도와줌으로써, 장기적으로 재산을 증식시켜주며 혹은 부유한 마음을 갖도록 해줍니다. 돈과 재산을 모으는데 있어 너무 급하게 생각하거나 나중으로 미루는 부담을 가지면 성급한 투자나 과도한 소비로 이어질 수 있지만 재테크를 합리적으로 계속하다보면 어느 순간 재산이 증식됨을 느낄 수 있을 것입니다.

우리의 경제활동에서 선택과 선택의 대가인 포기는 늘 함께 일어납니다. 모든 선택에서는 항상 무엇인가를 포기해야 하는 대가가 뒤따른다는 말입니다. 즉, 예산제약 같은 자원의 희소성 때문에 하나를 선택하면 다른 것들은 포기해야 한다는 것이지요.

지금 공부를 선택하면 그 대가로 여가나 다른 활동을 포기해야 하는 것과 마찬가지입니다. 사람들 각자의 의사결정을 사회 전체로 넓혀 생각해보면, 산업성장을 통해 소득을 증가시키면 오염 때문에 깨끗한 환경이 줄어들게 됩니다.

모든 경제적 결정에는 포기라는 대가를 지불해야 하기 때문에 자원의 희소성 하에서 우리는 날마다 합리적 선택을 해야 합니다. 합리적 의사결정이 가장 잘한 최선의 경제적 선택이라는 것입니다.

합리적 의사결정이란 경제 활동의 목표를 달성하기 위해 편익은 최대화하고 비용은 최소화하도록 선택하는 것을 말합니다. 특정 경제활동에 대한 편익과 비용을 고려하여, 비용보다 편익이 크면 그 안을 선택하고, 편익보다 비용이 클 경우 그 안을 선택하지 않는 것입니다.

편익은 상품과 서비스의 사용으로부터 얻는 만족을 가리킵니다. 소비자는 즐거움의 정도가 편익이 되고, 기업은 이윤의 수준이 편익입니다. 편익은 주관적인 만족감이기 때문에 편익은 사람에 따라 달라질 수 있습니다.

비용은 상품과 서비스가 사용된 가치의 크기, 즉 무엇인가 사용한 것의 대가를 가리킵니다. 소비자는 어떤 구매 선택을 한 대가로 지불한 것이 비용이 되고, 기업은 어떤 생산을 선택한 대가로 지불한 것이 비용입니다.

모든 일에는 대가가 따르기 때문에 최선의 선택을 하기 위해서는 다른 대안을 선택할 경우의 편익과 비용을 꼼꼼히 따져보아야 합니다. 특별히, 선택한 대가의 편익은 이 선택을 위해 포기한 기회비용으로 측정할 수 있습니다.

첫째, 사람들이 합리적 의사결정을 하려면, 모든 선택에는 기회비용이 발생하므로 기회비용을 고려하라는 것입니다.

기회비용이란 무엇을 얻기 위해 포기한 것으로서, 명확한 회계학적 비용뿐 아니라 암묵적 비용도 포함시킨 것입니다. 예를 들어, 친구와 맥주를 한잔 하는 경우, 맥주 비용이 10,000원이라면 이는 회계학적 비용입니다. 이에 반해, 암묵적으로 술을 마시지 않았을 때 선택으로서 음악을 들을 때 가치가 5,000원, 알바에서 얻을 소득이 8,000원 등 일 때 가장 큰 8,000원이 암묵적 비용이 됩니다. 따라서 친구와 맥주를 한잔하는 경우의 회계적 비용은 10,000원이지만 경제적 비용은 회계적 비용에 암묵적 비용을 합한 18,000원입니다.

둘째, 사람들이 합리적 의사결정을 하려면, 모든 판단을 한계적으로 사고해야 합니다. 사람들이 한계적으로 생각한다는 것은 조금 더 혹은 조금 덜 같은 조금씩의 변화 또는 1단위씩의 변동을 뜻합니다. 한계적 변화를 고려해 판단하는 한계원리 방식을 말합니다.

합리적인 사람은 어떤 대안에 대해 한계편익과 한계비용을 측정해 의사결정을 내립니다. 즉, 한계편익이 한계비용보다 클 때 그 대안을 선택한다는 것입니다. 합리적 의사결정은 과거의 매몰비용을 생각하지 않고 현재에 추가적으로 얻는 한계편익과 추가적으로 늘어난 한계비용을 비교하면서 어떤 대안이나 진행 중인 행동을 바꿀지를 선택하는 것입니다.

셋째, 사람들이 합리적 의사결정을 한다면, 경제적 유인(인센티

브)에 반응하게 됩니다. 유인이란 사람들을 행동하도록 만드는 상여금이나 지원금 같은 보상 및 교통법규 딱지 같은 처벌을 뜻합니다. 합리적인 사람은 어떤 행동에 따른 편익과 비용을 비교해서 의사결정을 내리기 때문에 경제적 유인에 반응하게 됩니다.

정부가 경제정책의 효과를 높이기 위해서는 사람들이 유인에 어떻게 반응하는가를 유의해서 각종 유인을 고안내지 변화시켜야 합니다. 정책적 유인이 사람들이 받는 편익과 부담해야 할 비용의 구조를 변화시켜 사람들의 행동을 변화시키고, 잘못된 정책은 부작용을 유발할 수 있기 때문입니다. 좋은 기업이나 선진국일수록 구성원들을 위한 유인 제도를 잘 운용하고 있습니다.

07

경제 논리의 구분

경제학은 사람들의 일상생활을 연구하는 학문입니다. 달리 말하면, 경제학은 사회가 우리 욕구에 비해 희소한 자원을 어떻게 관리하는지를 연구합니다. 그런데 경제학은 법칙이나 원리 같은 경제지식을 가르칩니다. 경제 논리란 경제적 효율성이나 이익이 높은 쪽을 따르는 논리입니다. 경제 논리는 경제를 명확하고 효과적으로 생각하게 해주는 도구이고 경제문제를 해결해주는 가장 좋은 방법이라고 합니다. 경제학 이론이 대표적인 경제 논리를 가지겠지요.

우리의 경제에 대한 논리적 사고는 정교해질 필요가 있습니다. 창조적인 사고는 상상력에서 먼저 나오지만 나중에 이를 입증하는 논리를 정교하게 채워나가야 합니다. 이 논리에 감성과 연상이 더해지면 자연스럽고 효과적인 사고가 될 것입니다.

경제가 복잡하고 불완전하더라도 이를 다루는 적절한 경제 논리가 필요합니다. 경제적 판단과 의사결정이 논리적일 때 더욱 명확해집니다. 경제 논리가 우선시되는 요즘 퍼지의 '어쩌면' 혹은 '아마도' 보다 '네' 혹은 '아니요'라는 논리학 용어가 경제를 다룰 때는 더 유용할 것입니다.

경제 논리는 논리학을 수용하지만, 그것을 넘어서 시간을 고려합니다. 경제가 시간에 따라 변하기 때문에 경제 논리는 논리학에 없는 시간의 흐름을 추가하고 있습니다.

그런데 사람은 현실을 이해하기 위한 인지 기능을 가지고 있습니다. 인지 기능은 조작 기능과 함께 우리의 생각과 현실을 연결시켜 줍니다. 예컨대 인지 기능이 경제현상을 판단해주면서 경제학에서의 수요와 공급 법칙을 발견했다고 볼 수 있습니다.

논리학에서의 인과관계를 수요법칙으로 표현해보면, '다른 모든 조건이 동일할 때 수요가 증가하면 가격이 상승합니다.' 여기서 수요증가가 가격상승의 원인이며 시간은 고려되지 않습니다.

이제, 경제논리로 인과관계를 표현하면, '다른 모든 조건이 변하지 않고 고정될 때 수요가 증가하면 가격이 상승합니다. 그리고 가격이 상승하면 수요가 감소하게 됩니다.' 여기서 논리의 인과관계가 시간의 흐름에 따라 달라짐을 보여줍니다. 순환의 어떤 부분에서는 변화의 원인이었던 것이, 시간이 흐른 뒤에 다른 부분에서는 변화된 결과가 되기도 합니다.

또한, 서로 다른 시점에서 보면 돈의 금액이 달라집니다. 돈의 시간가치를 계산해보면, 오늘 1백만 원을 은행에 예금해두면 1년 후에 원금과 함께 그 기간 동안의 이자를 받을 수 있습니다. 현재 1백만 원의 미래가치는 현재 이자율을 적용하여 오늘 그 금액으로 미래에 얻을 수 있는 금액을 나타냅니다. 반대로, 1년 후에 주고받을 1백만 원의 현재가치란 현재 이자율을 적용해 미래에 그 금액을 얻기 위해 오늘 필요한 금액을 나타냅니다. 이것이 우리가 매일 경험하는 경제 논리입니다.

경제를 이해하려면 인지 기능을 우선하고 조작 기능을 인도하는 논리로 따라야 할 것입니다. 경제가 자기 참조와 재귀를 포함하고 있기 때문에 경제 논리는 자기 참조와 재귀를 추가한다고 볼 수 있습니다.

우리는 주변상황을 자신에게 이롭게 바꾸려는 조작 기능을 가지고 있습니다. 조작 기능은 경제학에서 수요를 증가시켜 더 많은 상품을 판매하기 위한 광고 행위를 말합니다. 다른 예를 보면, 중앙은행이 인플레이션을 막기 위해 이자율 인상 등으로 시중 돈을 회수함에 따라 금융시장이 하락한 경우는, 금융시장 원리의 인지 기능보다 중앙은행의 조작 기능이 더 중요하게 생각된 것입니다.

고착된 경제상황을 벗어나 삶을 더 쾌적하게 만들기 위해, 경제 논리의 조작 기능을 적용해볼 수 있습니다. 조작 기능에 해당되는 자기 참조와 재귀의 논리를 사용하면 고착된 경제상황을 벗어날 수 있을 것입니다.

　자기 참조는 자기 자신을 기준으로 어떤 차이를 설명하거나 제시하여 더 높은 수준을 향해 올라가려는 행위입니다. 자신의 방식으로 대응하여 상대방의 행동을 유발시켜 수준을 높이는 것입니다. 반면에 재귀는 나선형 계단처럼 동일한 지점으로 되돌아오면서 점차 더 높은 수준으로 올라가려는 것을 말합니다. 왔다 갔다 하면서 조금씩 발전해 나가는 행위를 말합니다.

미래경제는 어떻게 판단하는가?

　무엇인가를 만나면 그 다음을 기다리듯이 사람들은 미래를 기대하게 됩니다. 그러나 많은 분들은 미래경제 예측에 대해 회의를 품고 있습니다. 장래 경제를 완벽하게 예측할 수 있는 사람은 없습니다. 경제의 미래 예측에 대해 의구심을 갖는 것은 당연합니다. 미래를 예측하지 않으면 경제적 의사결정을 내리지 못하는 경우가 많습니다.

　우리가 미래에 대해서 의미 있는 통찰력을 확보하려면 미래를 생각하려는 방법과 예측가능성의 한계를 인식해야 합니다. 경제적 예측에서는 미래적 사고방법과 예측 한계를 아는 것이 중요하다는 말입니다. 예측 능력을 탁월하도록 만들려면 예측의 방법과 한계를 잘 알고 있어야 도움이 된다는 것이지요.

경제학에서 미래를 예상하는 간단한 방법은 사실을 기반으로 상반되는 논지를 펴면서 예측하는 것입니다. 주관적인 편견이나 의견보다 사실 데이터를 수집하고 경제 논리를 적용하여 예측하는 것만으로도 꽤 성과를 거둔다고 봅니다. 예측 정확도를 높이기 위해 꾸준히 데이터를 정리하고 논리의 가정을 비판적으로 다루면서, 데이터가 바뀌면 예측 값을 바꾸고 매사를 확률의 관점에서 생각하는 것입니다.

그리고 예측 가능성의 한계를 고려해서 판단해야 합니다. 가게가 영업시간에 영업할 가능성이 크지만 사정이 생기면 그렇지 않을 수 있듯이, 경험을 기반으로 예측의 오류를 고려하는 것입니다. 예측을 쓸모없는 것이거나 아주 정확해야한다는 극단을 피하고, 적절한 통계기법을 활용하여 근사한 예측 값을 추정하고서, 확률적 오차를 고려해 경험 추정치를 해석해야 한다는 것입니다.

우리는 앞일을 예측하며 생활하고 있습니다. 앞으로 벌어질 사건을 예상하면서 그것을 바탕으로 지금 중요한 의사결정을 내립니다. 합리적인 사람이 미래를 기대한다는 것은 준비하고 있는 것을 말합니다. 따라서 기대가 경제활동이나 경제에 영향을 미치게 됩니다.

장래에 경제가 어떻게 변할지는 정확히 예측할 수 없지만 경우에 따라서는 어느 정도 예측 가능하다는 판단을 내릴 수 있습니다. 연습하면 그에 필요한 예측능력을 연마할 수 있다는 것입니다.

사람들의 예측을 평가하고 개선하는 예지력을 향상시키는 방법을 제시해보면요. 먼저, 예측의 조건과 설정기간을 정해두어야 합니다. 예컨대 장래의 경제변화를 예측할 때 예측할 기간을 1년에서 5년처럼 설정해두어야 보다 정확해집니다. 경제현상은 시간의 흐름에 따라 변하기 때문입니다.

그리고 예측할 때 확률적 수치를 사용하면 더 정확해지고, 예측을 되풀이 할수록 예측력은 높아집니다. 어떤 경제적 변화를 예측할 때 말보다 숫자나 확률로 나타내야 더 정확해집니다. 어떤 사건이 일어난다 혹은 발생하지 않는다고 분명히 말하면 판단하기 쉽듯이, 덜 명확한 '발생할 가능성'이라는 단어에 합리적인 확률 숫자를 덧붙여서 '어떤 사건이 일어날 가능성이 90%'라고 말하면 무슨 뜻인지 더 정확해집니다. 이것은 어떤 사건이 발생할 가능성이 거의 확실하다는 의미입니다.

그런데 경제적 변화가 반복되기도 하겠지만 수없이 되풀이될 수가 없기 때문에 단 하나의 예측으로 판단하는 것은 무리입니다. 이 경우 캘리브레이션이 필요해집니다. 개연적인 예측이 많다면 캘리브레이션을 통해 예측력을 높일 수 있습니다.

캘리브레이션이란 저울로 무게를 측정하기 전에 바늘이 영을 가리키도록 조정하듯이, 기준이 되는 점이나 정확한 것에 맞추는 행위를 말합니다. 예를 들어, 흔히 일어나는 주가의 변동에서, 주가가 상승할 확률이 50%라고 예측했을 때 실제로 주가의 상승이 50% 발생한다면, 이것은 완벽한 캘리브레이션입니다. 캘리브레이션이 완벽할수록 예측은 더 정확해집니다.

또한, 예측자가 훨씬 단호하게 발생할 사건에 대해 높은 확률을 부여하고, 발생하지 않을 사건에는 낮은 확률을 부여할수록 더 정확한 예측이 됩니다. 예를 들어, 인플레이션이 발생할 확률이 70%라고 예측했을 때 실제 그 사건이 발생하면 잘한 예측입니다. 반면 인플레이션이 발생할 확률이 90%라고 예측했고 실제로 그 사건이 일어나면 더 잘한 예측이 됩니다.

그밖에, 분별력이 뛰어난 예측자는 사건에 의미를 부여하는 사고가 확률적 예측을 어떻게 방해하는지를 여러 가지로 생각해볼 필요가 있습니다. 사람들의 예측이 효력을 갖는지 여부를 구분할 수 있어야 하며, 예측의 효력이 있어야 예측이 유용해집니다. 예측할 증거자료에 대해 모자라지도 지나치지도 않게 판단해야 예측이 정확해집니다. 원래 정확한 예측은 불가능하며, 당연히 예측상 오류가 있지만 모르고 지나가는 경우가 많으므로 예측 오류를 고려해주어야 합니다. 그리고 인지적 실수와 심리적 실수는 반응을 제때 제대로 하지 못하게 막아 예측력을 낮출 가능성이 큽니다.

또한, 사람들은 경제적 조언을 구할 때, 예측한 전력이 더 높았던 사람의 말을 더 잘 믿습니다. 예측 경험을 능력으로 보는 것입니다. 예측 전력이 동일한 경우는 자신감이 없어 예측 확률을 어중간하게 말한 사람보다 자신 있게 분명히 말하는 사람의 말을 더 잘 믿습니다. 자신감을 능력으로 보는 것입니다.

예측에서는 정확한 정보를 반영하는 것이 중요하기 때문에 업데이트를 더 꾸준히 할수록 예측이 정확해집니다. 남들보다 자료 탐색을 더하던지 뉴스를 많이 보던지해서 사실 자료를 더 많이 업데이트하면 정확한 예측을 할 수 있습니다.

그렇지만 사람들 간에 정보의 불완전성과 비대칭성이 존재하는 현실에서 우리가 몰입 부족으로 새로운 정보를 실제보다 너무 느리게 받아들이거나 동요처럼 너무 민감하게 받아들이면 예측의 정확성이 떨어집니다. 불완전·비대칭적 정보 자체를 개선해야 하지만 제공된 정보를 잘 활용하는 것이 중요하다는 것입니다.

끝으로, 시행착오를 통해 착오가 줄고 솜씨가 세련되어지듯이 예측을 자꾸 해봐야 예측을 더 잘할 수 있습니다. 특히, 효율적인 연습이나 경험이 분명한 피드백에 의해 뒷받침되어질 때 모호한 예측이 개선될 것입니다.

2장

부(재산)가 모이는 원리

부의 줄기 - 자본주의에서 우선 중요한 것

우리가 살고 있는 자본주의 경제가 무엇일까요? 그 목적과 목표를 살펴보면 일상적인 생활과 자본주의 경제체제에서 무엇이 중요한지를 이해할 수 있습니다. 경제체제는 사람들이 경제활동을 할 때 따르는 기본적 질서의 역할을 다합니다.

자본주의란 생산 수단을 사적으로 소유하면서 이익을 얻기 위해 경제활동을 하는 경제체제입니다. 사람들이 돈이나 재산 같은 사유재산을 직접 소유하고 재화를 사고 파는 사익추구 행위를 하는 곳입니다. 부족한 자원을 가지고도 부를 축적해가면서 물질적 욕구를 만족시켜주는 시스템입니다.

자본주의 경제체제는 자율적인 시장이 경제를 운영하는 시장경제입니다. 그래서 자본주의는 저축과 투자를 우선 중요시한다고 말할 수 있습니다. 자본주의의 원동력은 자본을 투자해 수익을 얻는 생산을 조직하는 것이기 때문입니다.

첫째, 이익을 얻기 위한 투자가 중요합니다. 이득을 얻기 위한 자본의 투자가 자본주의의 목적이라고 말할 수가 있습니다. 사익을 얻기 위한 재테크나 비즈니스 투자를 통해 사람들은 점차 부유해지고 경제가 성장한다는 것입니다.

둘째, 이익 추구적인 자금투자를 하기 위해서는 종자돈 같이 모아둔 자본이 필수적입니다. 일상생활에서 지출하고 저축해둔 남는 자본의 역할이 중요하다는 것입니다. 잉여자본을 한번 축적할 뿐 아니라 투자를 거쳐 계속 확대해가면서 사람들은 부유해지고 경제는 성장합니다.

다시 말하면, 일상생활에서 풍요롭게 살기 위해서 혹은 부자가 되기 위해서는 무엇을 해야 될까요? 자본주의에서 중요하다고 말한 두 가지를 최소한은 실천해야 할 것입니다.

첫째, 용돈, 알바, 취업 등으로 번 소득을 이용하여 학비나 생활비로 쓰고서 남은 재산을 모아두어야 합니다. 먼저, 저축을 통해 자본을 지속적으로 축적해야 하다는 말입니다. 저축은 경제적 활동으로 얻은 소득 중 쓰고 남은 부분입니다.

둘째, 축적한 잉여 자본을 활용하여 투자를 계속해서 더 많은 수익을 창출해나가면서 자본을 증식시켜야 합니다. 투자는 저축한 자금을 운용하는 모든 행위를 말합니다. 좁은 의미로 투자는 장기적으로 높은 확률로 높은 수익률을 추구하는 행위입니다.

국가경제에서 각 사람들의 저축은 금융을 거쳐 기업의 투자자금으로 사용되어 생산을 증가시키게 됩니다. 국내 저축은 국내 투자를 위주로 해외 투자에도 사용됩니다. 이처럼 저축과 투자를 통해 사람들(개인과 기업)은 부유해지고, 국가경제는 성장하게 됩니다.

다시 말해, 개인이나 기업 및 국가가 이익 추구적 저축과 투자를 잘하면 연쇄적인 잉여자본 축적과 투자행위로 인해 점점 불어나는 눈덩이처럼 부유해질 수 있다는 것입니다. 이를 위해, 개개인들이 주된 노동소득이나 자본소득 이외에 다양한 투자를 통해 여러 가지 수동소득이나 불로소득을 만들어 저축을 늘리고 투자수익을 더 많이 가져가는 순환구조를 갖추는 것이 중요하다고 생각합니다.

진정한 자본주의 철학 - 경제적 자유주의

자유주의는 개개인들의 사회적 자유를 꼭 보장해야 할 가치라고 인정하는 이념입니다. 근대 자유사회는 존 로크의 개인주의에 기초하고 있었습니다. 로크는 사람들은 모두 평등하고 독립적인 존재로서 완전히 자유롭다고 봅니다. 개인의 생명, 자유, 재산을 보존하는 것이 자연권이므로 우리는 국가를 통해 이를 보장받고 있다는 것입니다. 경제적으로 경제활동의 자유로움 및 사유재산권을 개인의 신성한 권리로 강조했습니다.

이는 근대 서구사회의 발전에 영향을 미쳤고, 자유주의 경제학의 태동에 기여하였습니다. 애덤 스미스 등을 중심으로 한 자유방임경제는 정부의 개입이 없는 자유로운 경제와 무역이 국가경제 및 세계경제에 이익을 가져다준다는 봅니다. 이후 전 세계로 퍼져 현대의 자유주의 경제를 정립하는데 기여하였습니다.

당시, 자유주의는 기존의 신과 왕 중심의 봉건지배층이 누리던 권력을 시민에게 분산시켰습니다. 영국에서 18세기 중반에 시작된 산업혁명으로 인해 자본가나 지주에 핍박을 받던 노동자들은 특히 자유주의에 지지를 보냅니다. 개개인들이 평등한 지위를 가지고, 자신의 재능에 따라 보상을 받을 수 있기 때문입니다. 이에 발맞춰, 대중이 참가하는 민주주의 정치체제가 출현하였고, 자본주의 경제체제가 뿌리내리기 시작했습니다.

자유주의(개인주의)가 어떻게 사회발전에 근간을 이루는지 그 핵심원리를 살펴보면요. 첫째, 개인들이 성장해야 그 사회가 발전한다고 봅니다. 교육 및 유인 등을 통해 개개인의 역량을 최대로 강화하는 것을 중시합니다. 둘째, 개개인들은 자신의 자율적 행위에 대해 보상을 받고 책임도 져야합니다. 우리의 역량은 일상 행위를 스스로 행동하고 그 결과를 판단함으로써 더 발전하게 됩니다.

서유럽의 고대철학은 소크라테스, 아리스토텔레스, 플라톤 등의 관념론, 실제론, 유물론, 회의론 등으로써 현대 철학적 사고에 근본을 이룹니다. 중세철학은 예수님 정신을 받들어 실천하는 교부철학과 종교주의 스콜라철학을 말합니다. 이에 반해, 근대철학은 중세에 대한 종교 개혁에서 시작된 고대를 다시 구현하자는 르네상스, 개인의 가치를 중시하는 자유주의 등의 사상을 말합니다.

근대부터 시작된 자유주의는 개인의 자유와 자율성을 추구하고,

실제 존재하는 실질적인 것을 받아들이면서, 로크, 데카르트 등의 경험론, 계몽주의, 합리론, 관념론, 유물론 등의 사고방식을 따릅니다. 정리하면, 개인의 자유와 실질의 삶 속에서 경험, 진보, 이성, 존재, 실물 등이 강조되었습니다. 무엇보다 자유가 있어야 사람은 인간답게 살아갈 수 있다는 것입니다.

다시 말하면, 자유주의는 근대 서구의 시민사상입니다. 자유주의란 개개인의 사회적 자유를 보장해야 할 가치로 인정합니다. 타인의 강제 속박을 받지 않고 자율적으로 의사결정과 행동하는 것을 말합니다. 자유주의 사상은 시장경제의 정신적 기반이 되어 모든 경제활동은 자유로워야 한다는 경제적 자유주의로 나타났습니다.

자본주의와 자유주의, 즉 경제적 자유주의에 따라 경제발전이 어떻게 이루어지는지를 검토해보면요. 첫째, 개인이나 기업이 물질적으로 성장해야 국가경제가 발전하므로 사람들의 경제 역량 강화를 중요시합니다. 둘째, 사람들은 자율적 경제행위에 대해 보상을 받고 책임을 지기 때문에 개인의 경제적 역량은 더욱 발전하게 됩니다. 끝으로, 자본을 투자해 생산을 조직하는 과정에서 사람들은 이득을 얻으면서 풍요로움의 성장을 지속합니다.

경제적 자유주의 사상을 지식의 속성과 변화를 취급하는 인식론 차원에서 보면, 진화론적 합리주의와 구성주의적 합리주의로 구분해볼 수 있습니다. 진화론적 합리주의는 개인의 자유 및 자발적인 사회질서에 초점을 둡니다. 버크, 흄 등의 진화론자는 자유의 주체를 개인으로 보고, 도덕, 관행, 제도 등의 자생적 발전을 중요시 합니다. 반면에, 구성주의적 합리주의는 인위적 목적에 따른 사회의 통제와 개혁에 초점을 둡니다. 루소, 벤담, 꽁트 등 구성주의자는 자유의 주체를 개개인보다 사회 전체에 두고, 사람들이 이성으로 결정한 법제도, 도덕 등을 합리적인 것으로 간주합니다.

진화론적 합리주의는 자유방임 시장경제로 발전하였습니다. 아담 스미스는 경제질서가 자생적으로 형성되어 발전한다고 보고, 이를 '보이지 않는 손'으로 묘사하였습니다. 사람들이 자율적으로 사익추구 경제행위를 하지만 그 결과가 바람직한 방향으로 나가는 것은 '보이지 않는 손'이 받쳐 주거나 이끌어 주기 때문이라고 생각했습니다. 20세기에는 하이에크, 프리드먼 등의 경제적 자유를 통한 효율성을 다시 강조한 신자유주의로 이어졌습니다.

한편, 구성주의적 합리주의는 20세기의 사회적 시장경제로 발전하였습니다. 경제적 효율성이 중요하지만 정부의 시장개입이 경제 문제를 해결하고 경제를 성장시킬 수 있다고 믿는 큰 정부를 지향합니다. 케인즈의 경제학 및 유럽의 복지국가가 대표적입니다. 또한, 독일의 사회적 시장경제는 경제질서 유지에서 정부의 역할을 중시한 질서 자유주의가 토대를 이루었고, 일본에게도 영향을 주었습니다.

일상생활에서 중요한 경제상식

우리들의 평소 생활이 곧 경제입니다. 경제는 일상 삶에서 생활하기 위해 재화와 서비스를 조달하는 물질적 행위를 총칭합니다. 어릴 때부터 경제상식을 습득하고 올바른 경제행동 습관을 가진 사람들은 부유한 생활을 영위할 수 있습니다. 우리의 생활은 출생 때부터 경제행위로 가득 차 있기 때문입니다.

우리의 일상적인 삶이 경제와 밀접해 있기 때문에 경제상식을 중요하게 생각해야 합니다. 바꿔 말하면, 경제적으로 풍요해져서 행복하려면 경제지식에 기초해 의사결정을 잘해야 한다는 것입니다. 판단력이 좋아야 한다는 것이지요.

예를 들면, 커피를 마실까 아니면 밀크티를 마실까, 용돈으로 여행을 떠날지 미래를 위해 저축을 해둘지, 취직을 할지 대학원 진학을 할지, 재테크를 어떻게 해야 할지, 무엇을 생산해 어디에 판매할지 등의 사소한 결정에서부터 중요한 결정에 이르기까지 의사결정과 선택을 잘해야 이득과 후생(경제적 풍요)이 높아집니다.

다시 한 번, 경제상식이 왜 중요할까요? 우리는 행복하게 살기를 원합니다. 일상적 생활에서 행복하게 살기 위해서는 건강한 사회생활 가운데 적절한 경제적 성취를 얻는 것이 중요하다고 합니다.

행복한 삶을 이루는 여러 가지 요소 중 하나가 경제적 풍요로움이므로 물질적 윤택함이 행복의 한 요소인 것은 틀림없습니다. 날마다 연속적으로 이루어지는 커피를 마시고 쇼핑을 하는 등의 선택은 경제적 행복의 최대화 과정입니다. 경제상식이 높은 사람일수록 경제적 행복을 최대화할 가능성이 높습니다.

경제지식이 우리를 한 순간에 부자로 만들지는 않습니다만, 일상생활에서 위험을 분산하고 더 이익이 나게 투자하는 등의 판단력을 높여 효율성을 달성할 수 있도록 도와줌으로써, 장기적으로 재산을 크게 증식시켜주거나 부유해져 행복해지도록 해주는 역할을 합니다.

또한, 산업이 집적된 곳에 사람들이 모여들어 집값이 오르듯이 우리 경제생활에서는 시장 혹은 산업이 중요합니다. 따라서 우리가 저축을 해서 잉여자본을 축적하고 투자로 더 많은 이득을 창출하고자 할 때, 각 시장이나 산업의 특성을 잘 알고 있어야 합니다. 관심 있는 상품이든 시장·산업별 고유의 특성을 잘 파악한다면 재테크를 하든 기업비즈니스를 하든 투자수익을 더욱 증가시켜 재산을 더 많이 축적할 수 있을 것입니다.

국가도 마찬가지입니다. 세계경제 차원에서 수많은 경제활동 및 경제현상을 규명하고 국민경제를 조작하여 성장과 안정을 달성하려면 경제상식이 필요합니다. 한 나라 경제는 시시각각 상황에 맞춰 경제적 의사결정을 내리는 개인·가계, 기업 및 정부의 경제적 지식에 비례하여 그 운영 성과가 나타나기 때문에 이들의 경제상식이 중요합니다.

예를 들면, 요즈음 이자율이 왜 이렇게 높을까요? 물가가 지속적으로 상승하는 인플레이션이 한국, 미국 등 세계적으로 심각하게 높아져 경제적 폐해를 야기하므로 각국에서 물가상승을 억제하기 위해 이자율을 올렸기 때문입니다. 중앙은행이 기준 금리를 올리면 금융권이 기준 금리를 토대로 시중 금리를 올리는 과정을 통해 금리가 상승하면, 대출이나 차입이 감소하므로 시중의 통화량이 감소하게 됩니다. 그 결과, 화폐 가치가 다시 오르고 물건의 가격이 떨어지면서 심각한 인플레이션을 완화시킬 수 있습니다. 다만 금리 상승은 투자를 감소시키는 등 생산 활동의 전반적 수준을 나타낸 경기를 위축시킵니다.

이와 같이, 국민들이 각계각층에서 정치권과 정부에 협조하고 동시에 견제도 하면서, 경제를 운영하는 정책 및 제도를 이해하고 평가할 수 있는 경제지식을 갖춘다면, 국민경제를 더욱 발전하게 해줄 것입니다. 우리가 각자 경제상식을 갖추는 것은 가계경제와 기업경제는 물론 국가경제의 발전에 직결된다고 말할 수 있습니다.

자본주의 경제는 시장경제

가정이나 학교생활에 질서가 있듯이 자본주의 경제도 이끌어가는 질서가 존재합니다. 자본주의 경제의 질서는 한마디로 시장경제라고 말할 수 있습니다. 시장경제란 모든 물건을 시장을 통해서 사고 파는 경제입니다.

다시 말하면, 자본주의 경제체제는 자율적 시장이 경제를 운영하는 시장경제입니다. 시장은 가격 혹은 가격 작동기구를 통해 경제를 운영합니다. 경제내의 수많은 각 시장에서는 가격이 재화의 수요와 공급을 자동 조절하여 경제를 움직이게 해줍니다.

무수히 많은 시장으로 이루어진 경제가 바로 우리가 살고 있는 시장경제입니다. 예를 들어, 의식주 관련 수많은 재화와 서비스가 시장에서 사고 팔리고요. 부동산, 일자리, 주식, 코인 등도 모두 국내외 시장에서 사고 팔립니다. 대체로 시장이 산업이므로, 산업이 있는 곳에 사람들이 모여 집값이 오르듯이 우리 경제생활에서는 시장 혹은 산업이 중요합니다.

자본 투자를 통해 인재와 기술진보가 모여 산업들이 성장해갈수록 시장경제는 성장합니다. 규제를 낮추고 자유거래가 많아질수록, 시장질서가 잘 작동되어 희소 자원이 적재적소에 배분될수록, 생산기술이 발전할수록 산업에 대한 투자가 증가하면서 시장경제는 발전할 것입니다.

그런데 자본주의 시장경제란 각자의 사람들(가계와 기업)이 이익 추구적인 경제적 자유 및 각종 재산을 개인적으로 소유할 수 있는 사유재산 제도를 토대로, 수많은 시장들을 통해 경제활동이 이루어지는 경제체제입니다.

사람들이 시장에서 자유롭게 교환에 참여할 때, 사고 파는 당사자는 모두 이익을 가져갑니다. 사람들은 이익이 있을 때만 물건을 거래하는 합리성을 가지고 있기 때문입니다. 예를 들면, 점심에 햄버거를 사먹는 것은 맛있게 먹고 후생이 늘어나는 이득이 있기 때문입니다. 그리고 기업이 햄버거를 파는 것은 팔고서 이윤이 늘어나는 수익을 얻기 때문이라는 것입니다. 장사하시는 분이 '손해를 보고 물건을 사고 팔아요.'라고 말하는 것은 거짓말이든지 예외적인 특수한 경우라는 것입니다.

자본주의 경제의 질서는 시장경제이고, 시장경제의 질서는 가격

질서입니다. 시장에서 결정되는 상품의 가격이 생산자(기업)와 소비자 사이에서 그 상품의 가치에 관한 정보를 전달하는 신호의 역할을 하여 우리 욕구에 비해 더 적은 희소한 자원이 효율적으로 배분되도록 만들어줍니다. 재화 가격의 높고 낮음이나 변동을 통해 소비자와 생산자 및 산업과 재화에 대한 정보를 파악할 수 있는 가격 메커니즘(가격기능)이 시장의 질서로서 효율성을 가져다준다는 것입니다.

예로써, 다른 여건은 변화가 없을 때, 어떤 물건의 가격이 다른 물건 가격보다 높은 것은 그 물건을 사려고 하는 시장 수요가 많다는 신호이므로 기업은 생산을 증가시킵니다. 반대로 어떤 물건에 대한 공급이 수요보다 많다면 그 물건의 가격은 하락하고 기업은 생산을 감소시킵니다. 이 과정에서 가격은 물건을 생산하는 기업과 생산된 물건을 원하는 소비자와 다른 기업에게 자원이 배분되도록 하는 역할을 합니다.

좀 더 정확하게 가격질서를 말하면요. 경제내의 각 시장에서는 속이지 않고 공정하게 사고 파는 교환의 도덕적인 공정성과 사람들 간의 사고 팔려는 경쟁이 존재한다는 조건 하에서, 각 시장의 가격은 그 시장의 수요와 공급에 의해 결정되고 변동됩니다.

수요란 사람들이 구매하려는 힘인데요. 소비자가 값을 치르고 구입할 의사와 능력입니다. 어떤 물건을 구매하는 것과 가격이 맞으면 구매하려는 것을 모두 말합니다. 반면에 공급이란 생산하여 판매하려는 힘입니다. 기업이 생산해 판매할 수 있는 의사와 능력을 말합니다. 상품을 판매한 것과 가격이 맞으면 판매할 것을 모두 포함합니다.

예를 들어, 다른 여건은 일정할 때, A 상품시장에서, 1시간 동안에 수요가 900원 가격에서 15개, 1000원 가격에서 10개, 1200원 가격에서 7개이고, 공급은 900원 가격에서 8개, 1000원 가격에서 10개, 1200원 가격에서 14개 경우를 생각해봅시다. 이 시장의 가격은 누적 수요와 누적 공급이 일치하는 1000원이고, 이 균형가격을 주고받고 사고 파는 균형 거래량은 10개가 됩니다.

그러다가, 시장의 상황이 변하면, 가격, 수요, 공급이 달라집니다. 시장질서는 가격질서로서 수요와 공급에 의해 가격이 결정되고 변동됩니다. 다른 여건이 일정할 때, 수요가 공급을 초과하면 가격이 상승합니다. 그리고 나면 가격의 상승으로 수요가 감소하고 공급이 증가합니다. 반대로, 공급이 수요를 초과하면 가격이 하락합니다. 가격의 하락으로 수요가 증가하고 공급이 감소하게 됩니다. 예를 들어, 주식시장에서 공급이 수요를 초과해 어떤 기업의 주식가격이 떨어지면 축적한 재산을 이용해 사서, 나중에 수요가 공급을 초과해 주가가 오를 때 팔면서 사람들이 수익을 얻어 재산이 증식되는 이러한 과정에서 시장은 새로운 균형에 도달합니다.

결국, 가격기구의 효율적인 자원배분 기능은 시장 참가자들의 경쟁을 통해 이루어집니다. 각 시장마다 수많은 수요자와 공급자 사이의 경쟁을 통해 균형 가격과 수량이 결정됩니다. 시장 균형에서 자원이 효율적으로 생산 및 소비되도록 배분되게 됩니다. 즉, 시장 질서 원리로 인해 개별 시장(산업)과 경제 전반의 생산, 소비, 분배가 조정된다는 것입니다.

부를 창출하는 자유시장의 상호관계

자본주의 경제에서 경제적 자유의 달성은 우선 목표입니다. 경제적 자유란 물건을 사고 파는 등 경제활동의 자유를 말합니다. 사람들은 누구와도 거래를 자유롭게 선택할 수 있다는 말입니다. 대체로, 기업 활동의 자유, 국내외 거래의 자유, 국내외 투자의 자유 등이 클수록 혹은 정부의 규모가 작을수록 경제적 자유 수준의 정도가 높다고 말합니다.

경제적 자유에서 기업 활동의 자유가 중요하다고 말씀드렸는데요. 경제에서 기업은 엔진같이 생산의 역할을 다합니다. 한 나라 경제는 민간기업의 생산 증가로 얻어지는 국민소득 증가에 의해 성장하기 때문에 기업이 중요합니다. 특별히, 기업이 생산활동을 하는 과정에서 양질의 일자리가 만들어지기 때문에 중요합니다. 따라서 민간기업의 생산, 투자, 고용, 연구개발 등을 촉진시키기 위한 유연한 경영 자율성이 높아질 필요가 있습니다.

이에 따라, 오늘날 한국을 비롯한 많은 나라에서는 세금감소나 규제완화를 통해 기업들이 자유롭게 생산활동을 하도록 도와주고 있습니다. 또, 사업을 적극적으로 하도록 기업가 정신, 즉 위험을 무릅쓰고 기업을 창업하고 사업을 혁신하는 의지와 능력을 강조하고 있습니다. 그밖에, 기업이 경제뿐만 아니라 인간사회에 큰 영향을 미침에 따라 윤리경영을 도입한 기업도 늘어나고 있습니다.

국가의 경제적 자유를 지수화하여 경제적 자유수준의 정도를 간단히 측정 및 비교해볼 수 있습니다. 미국 싱크탱크인 헤리티지 재단과 월스트리트 저널에서는 1995년부터 경제자유도 지수를 산정해 발표하고 있습니다.

경제자유도 지수가 높을수록, 즉 경제활동을 막는 장애요인이 적어 경제활동의 자유가 높을수록 사람들은 경제활동에 더 많이 참여합니다. 그 결과, 소득이 늘어나 재산이 증가하므로 국부의 증대와 긴밀한 관계가 있습니다.

한국은 2020년도 기준, 자유로움, 대부분 자유로움, 보통 수준의 자유 등 여섯 개의 분류 가운데 미국, 독일 등과 함께 두 번째의 분류에 속해 있습니다. 한국경제가 대체로 자유로운 편에 속한다는 말입니다. 참고로 아일랜드 등은 첫 번째 분류에 속해 있습니다.

IMF가 2022년 11월 기준으로 전망한, 2023년도 한국의 명목 GDP(국내총생산)은 약 1조 7,342억 달러로 추정되어 경제규모가 전 세계 191개국 중에서 13위를 차지했습니다. 우리나라가 대외 경제에 의존적인 선진국으로서 세계화 속에서 더욱 발전하기 위해서는 경제규모나 국제무역 수준에 걸맞은 경제적 자유도를 지속적으로 높여 나가야 할 것입니다.

자본주의 경제에서는 경제적 자유에 따라 물건을 사고 파는 거래가 자유롭게 이루어집니다. 우리는 날마다 이익 추구적 거래에 참가하기 때문에 자율적 교환을 통해 당사자 모두 이득을 얻습니다. 이에 따라, 각 거래를 할 때마다 소비자는 화폐단위로 표시한 만족에서 지불한 구매금액을 공제한 잉여를 얻고, 생산자도 판매수익에서 생산비용을 뺀 잉여를 얻게 됩니다.

경제사회 전체적으로 보면, 거래가 많을수록 소비자와 생산자의 잉여, 즉 이들을 합한 사회적 잉여가 늘어납니다. 자유 교환이 많아질수록 사회적 후생이 증가한다는 말입니다. 나아가 국내 거래와 마찬가지로 국가 간의 전문화에 따른 자유 무역이 많아질수록 후생이 증가할 것입니다. 이처럼 사람들은 이익될 때 거래에 참가하기 때문에 자유거래를 통한 이득이 개인적이나 사회적으로 가장 큽니다. 따라서 거래는 자유로워야 한다는 것입니다.

자본주의 경제에서 자유 거래는 시장에서 이루어집니다. 거래를 하는 유무형 장소는 모두 시장인데요. 사람들은 시장을 통해 필요한 것들을 사고 팔면서 이득을 얻습니다. 그러다보니, 시장이 서로 다른 욕구와 목표를 가진 수많은 경제활동을 조직하는 좋은 수단이라고 말합니다. 오프라인 동네 시장이든 온라인 시장에서 거래되는 상품과 서비스가 수요와 공급 및 가격기구에 의해 적절히 조절되고 구매자와 판매자 간의 이해가 적당히 절충되는 질서를 가지고 있습니다.

이러한 경제활동을 조정해주는 시장의 질서를 아담 스미스는 국부론에서 '보이지 않는 손'이라고 표현했습니다. 자유시장을 의미하는 '보이지 않는 손'이 희소한 자원 하의 경제활동을 잘 조직하여 효율성을 가장 높게 해준다고 믿기 때문입니다.

이에 따라, 우리는 욕구에 비해 부족한 자원을 가지고도 시장경제의 질서에 의해 물질적인 풍요로움을 만들어 갑니다. 사람들의 일상생활에서 경제적 거래의 자유로움 및 시장의 자유 경쟁이 부족한 재산을 가지고 부자가 되는데 얼마나 중요한 역할을 하는지를 이해할 수 있습니다.

14

경제문제를 해결하는 시장질서

한 집안의 경제는 수많은 의사결정을 내려야 합니다. 어떤 일을 누가 해야 하고 또 무엇을 그 대가로 받아야 할지 등을 결정해야 합니다. 기업도 부족한 자원을 가지고 고용하듯 어떤 자원을 가져다가 무엇을 어떻게 생산하여 어디에다 판매할지 등 이윤을 얻기 위한 수많은 결정을 내립니다. 더 나아가 사회도 국가 구성원의 능력과 노력, 희망에 따라 한정된 자원을 국민들에게 나누어주는 많은 결정을 내리게 됩니다.

돈이 부족하고, 일자리가 없고, 물건이 모자라는 등의 경제문제는 사람의 욕구를 채울 수 있는 재원이 부족하기 때문에 발생합니다. 즉, 희소한 자원 때문에 각자 원하는 것을 다 가질 수 없다는 데에서 경제문제는 시작됩니다.

자원의 희소성 때문에 발생하는 경제문제를 해결하려면 어떻게 하면 좋을까요? 효과적인 수단은 전문화에 따른 분업생산, 합리적 선택 등을 통해 경제적 효율성을 달성하는 것입니다. 경제적 효율성이란 최소비용이나 최대효과를 얻는다는 원칙입니다. 자원량이 주어져 있을 때, 일정한 생산량을 최소한의 자원을 투입해 생산하거나 최대의 효과를 얻도록 자원을 활용하는 것을 의미합니다.

언제 어디서나 사람들의 욕망에 비해 자원이 부족하기 때문에 경제는 물질적 풍요의 결과를 크게 하기 위해 효율성을 우선적으로 강조합니다. 사람들이나 경제는 모두 재화를 생산할 때, 소비할 때, 그리고 자원을 배분할 때 효율적으로 해야 한다는 말입니다.

부족한 자원 때문에 발생하는 크고 작은 경제문제, 즉 경제 내에서 무엇을 생산할 것인지, 어떻게 생산할 것인가, 어떻게 생산된 재화를 배분해야 할 것인지 등의 문제를 시장이 효율적으로 해결해줍니다. 쉽게 말하면, 시장가격 질서가 선착순, 추첨, 암표상 등의 문제점을 초래하지 않고 자유 거래와 경쟁을 통해 자원을 효율적으로 배분해준다는 말입니다.

이처럼 경제 내 각 시장에서 수요와 공급이 일치할 때 형성되는 균형가격은 사고 파는 교환의 매개수단으로서 매우 중요한 역할을 합니다.

첫째, 가격은 사람들에게 정보를 전달하는 신호의 역할을 다합니다. 우리가 커피와 밀크티 가격을 비교해보고 구매하듯이, 생산자가 무엇을 얼마나 생산하고, 소비자가 무엇을 얼마큼 구매할 것인지를 결정하는데 필요한 정보를 제공해줍니다.

물건 가격의 높고 낮음은 그 상품을 소비자가 얼마나 원하는지, 예컨대 가격이 더 낮아지면 수요량이 증가하고, 가격이 더 높아지면 수요량이 감소하겠지요. 기업은 얼마나 많은 생산 비용이 드는지, 판매 가격이 상승하면 생산비용이 감소해 생산을 증가시키고, 가격이 하락하면 비용이 상승해 생산을 감소할 것에 관한 정보를 전달해줍니다. 또한, 기업이 생산으로 얻을 수 있는 이익 크기에 대한 정보를 줍니다. 가격이 상승할수록 판매 수익이 늘어나니 이윤이 증가할 것입니다.

둘째, 가격은 사람들에게 경제활동의 동기를 제공합니다. 예로써, 노동의 가격으로 월급이 상승하면 더 근로를 하려고 할 것입니다. 농부는 배추에 비해 무값이 더 상승하면 무를 더 많이 재배하려고 합니다. 배추를 재배하던 농가가 무의 재배로 바꾸거나 새롭게 무의 생산에 참여한다는 것입니다.

그런데 가격변동에 대한 수요와 공급의 탄력성은 상품, 시장 등의 따라 달라집니다. 가격 탄력성이란 구매자와 판매자가 시장가격의 변화에 얼마나 민감하게 반응하는지를 나타내줍니다.

셋째, 가격은 자원을 자율적으로 배분해주는 기능을 합니다. 시장경제에서 사람들이 자기 이익 추구적 경제활동을 자율적으로 수행하는 과정에서 시장가격 기능을 통해 희소한 자원이 효율적으로 배분됩니다.

시장의 가격 작동기구의 효율적인 자원배분 기능은 시장 참가자들의 경쟁을 통해서 이루어집니다. 수많은 수요자와 공급자 간의 경쟁을 통해 균형 가격과 수량이 결정됩니다. 경쟁을 통해 동질의 상품을 가장 싸게 공급할 수 있거나 동가의 상품을 가장 질이 좋게 공급할 기업은 시장에 남게 되고, 그렇지 못한 대다수 기업은 퇴장하게 되어 자신이 잘할 수 있는 다른 사업을 찾게 됩니다. 결국, 시장경제는 상품을 가장 싸게 생산하거나 질 좋게 생산하게 만들어서 자원을 가장 효율적으로 사용하는 성과를 가져다줍니다.

다시 말하면, 경제는 무엇을 얼마나 생산해야 하는가? 의 문제에 대해서는 소비자와 기업이 시장에서 생산할 재화의 종류 및 수량을 결정합니다. 기업은 시장에서 소비자가 사기를 원하는 스마트폰 같은 물건 및 수량 만큼을 생산해 판매한다는 말입니다.

경제는 어떻게 생산하는가? 의 문제에 대해서는 생산 주체인 기업이 자기 이윤을 최대한 많이 가져가기 위한 방식으로, 예컨대 인건비를 낮추기 위해서 로봇을 사용하듯이 생산비용의 최소화 방식으로 재화를 생산합니다.

끝으로 경제는 누구를 위해 생산하는가? 의 문제에 대해서는 우리가 돈 없으면 물건을 살수 없기 때문에 소득 능력이 되고 자기선호로 지불용의가 있는 소비자가 생산된 재화를 구매하게 됩니다.

이와 같이, 우리가 살고 있는 자본주의 시장경제는 효율성을 중요시하는바, 자유 경쟁시장의 이익추구적 질서가 자율적으로 경제문제를 우선 해결합니다. 그리고 정부가 법제도 및 정책을 통해 이를 돕게 됩니다.

경제발전의 한계

처음에는 조금만 노력해도 성과가 좋은데 뒤로 가면서 열심히 노력해도 성과가 나오지 않아 제자리걸음을 하는 경우가 많습니다. 비즈니스 초기에는 마케팅만 잘하면 성과가 크게 났지만 시장이 포화되면서 그 성과가 줄어듦을 쉽게 볼 수 있습니다. 이 구조는 성장의 한계적 패턴입니다.

혹자는 한국의 미래가 이탈리아처럼 되어간다고 걱정합니다. 이탈리아는 선진국이지만 선대 성과물을 이용한 관광을 제외하고는 산업이 부족하고 경제는 활력을 찾지 못하고 있습니다. 한국과 이탈리아의 공통점은 대기업과 중소기업 및 정규직과 비정규직으로 나뉜 노동시장의 이중 구조, 일자리 지위와 연관된 연금 등 사회복지의 이중 구조, 가족 중심주의와 성차별 등에서 찾아볼 수 있습니다.

일반적으로 한 기업이나 한 국가의 생산활동에는 수확 체감이 적용됩니다. 수확 체감의 법칙이란 생산요소의 투입량이 증가할 때 추가적 요소투입에 따른 산출량 증가분이 감소하는 현상입니다. 이와 같이, 처음에는 노력을 할수록 성과가 좋아지지만 그러다가 성장이 일정 한계에 맞다뜨립니다. 더 많은 제약사항이 작동할수록 성장은 더 낮아집니다.

예를 들면, 한 나라에서 저축률이 증가함에 따라 일시적으로 생산의 성장률은 높아지지만, 추가 자본투입에 따른 생산량 증가분은 점차 감소하여 성장률이 둔화됩니다. 경제성장의 한계를 극복하려면 기술발전을 통한 생산성 향상 등이 필요해집니다. 이에 따라, 성장의 제약에 대한 시대적 극복방안을 잘 강구하여 지속적인 발전을 해나가야 할 것입니다.

현대 국가는 대부분이 국내경제를 외부와의 경제적 상호작용을 증가시키는 방향으로 나가고 있습니다. 즉, 세계화로 국민경제가 세계경제로 통합됩니다. 이는 국제무역, 자본이동과 투자, 기술이전 등을 촉진하여 자국경제 및 세계경제를 성장과 발전시킵니다. 더 넓은 시장에 진출하고 기업의 경쟁력을 향상시키며, 자원과 기술을 확보하여 다각화와 혁신을 이루어냅니다. 이처럼 개방경제는 다양한 경제성과를 가져오지만 동시에 한계와 부작용도 야기합니다.

오늘날의 개방경제는 산업구조의 불균형, 공급망 왜곡과 국제무역 교란, 금융위험과 외환 변동성, 사회적 격차 등의 확대 때문에 성과적 한계를 겪고 있습니다. 따라서 지속적인 성장을 달성하기 위해 이러한 개방화에 따른 성과적 한계와 부작용을 고려하여 적절한 정책과 조치를 취하는 것이 중요합니다.

구체적으로 개방경제의 한계와 부작용에 대해 살펴보면요. 첫째, 개방경제는 일부 산업에서 성장을 확대하지만 경쟁력이 약한 산업을 위축시켜 구조적 불균형을 초래합니다.

둘째, 국제 무역 및 투자를 증가시키지만 기술 패권 경쟁의 격화로 첨단핵심 부품의 글로벌 공급망 재편과 왜곡이 가속화되어 국제무역이 교란되고 있습니다.

셋째, 금융시장이 확대되고 외환거래가 증가하지만 금융시장의 불완전성과 금융거래의 복잡성, 환율과 국제유동성의 변동 등으로부터 금융위험과 외환 변동성이 야기됩니다. 금융위기와 외환위기로 번지기도 합니다.

넷째, 경제가 성장을 지속하도록 돕지만 주력과 비주력 산업 간의 보상격차를 확대시켜서 노동시장의 양극화를 초래할 수 있습니다.

그런데 오늘날의 경제활동과 경제성장의 중심에는 기업이 자리잡고 있습니다. 세계경제에서 1990년대부터 생산의 세계화를 추진했던 강력한 동력은 여러 국가에 해외직접투자를 하고 여러 나라에 걸쳐 제조와 영업 거점을 가진 다국적기업입니다. 삼성, 현대, LG, SK, 한화, 두산 등 잘 알려진 대기업을 비롯하여 중소형 다국적기업이 많습니다.

세계경제에서 효율성을 추구하는 다국적기업은 금융비용이 저렴한 곳에서 자본을 조달하여, 생산비용이 낮은 곳에서 물건을 만들어 판매하고, 세금이 낮은 곳으로 기업소득을 이전하며, 자본수익과 환차익이 높은 곳으로 자금을 이동시킵니다. 대규모 자본과 기술적 우위를 가지고 범세계적 분업을 하는 다국적기업이 이윤극대화 활동을 글로벌 확대함에 따라 세계는 하나의 거대한 시장으로 통합되고 있습니다.

각 국가로 자본, 기술, 경영 노하우가 이전되고, 현지의 투자, 국민소득, 고용, 생산성 등이 증가합니다. 반면 부정적인 측면에서는 자본 유출입 심화, 현지의 생산과정 왜곡, 경제종속의 가능성, 노동착취 등이 우리의 경제생활에서 나타나고 있습니다.

이처럼, 경제성장의 한계적 문제는 초국가기업의 다국적 생산에 의한 부정적 영향을 비롯해, 자본, 노동, 천연자원 등 생산요소, 교육과 인적자본, 연구개발과 기술진보, 자유무역과 금융자유화, 재산권과 정치적 안정 등이 제약받는 원인 때문에 발생할 것입니다.

더 나아가 세계경제는 앞으로 환경오염, 자원 남용 등이 지속되면 성장이 한계에 이를 수도 있습니다. 최근, 한국은 탄소중립 같은 새로운 경제통상 이슈의 강조, 저출산·고령화의 심화, 과도한 규제 등으로 인해 경제 활력이 저하되고, 고물가와 고금리 등이 겹치면서 복합적 경제침체에 직면하고 있습니다.

따라서 국내외 경제·사회적 구조 변화에 적응하여 수십 년간 유지해온 낡은 경제구조를 개선해야만 지속적인 발전을 할 수 있을 것입니다. 자국 요인, 선진국 요인, 세계적 요인에 따른 구조적 문제를 비교 및 개선해야 발전이 지속 가능하다는 말입니다.

경제질서의 결함에서 정부역할

　자유방임 시장경제의 관점에서, 정부의 시장개입, 즉, 정부가 가격을 통제하거나 수량을 규제하는 정책은 시장의 자율적 질서를 제약하는 것이므로 효율성을 떨어뜨립니다. 국가가 개인이나 기업들의 자율적 경제행위를 제한하면 효율성이 저하되어 풍요로움의 성장이 위축된다는 것입니다. 즉, 경제적 자유를 뜻하는 자유 시장이 효율성을 가장 높여서 경제성장을 가져다준다는 말입니다.

　그러나 경우에 따라서 정부가 시장의 성과를 개선해줄 수 있습니다. 정부가 자율적인 시장질서의 결과에다 효율성 및 형평성을 높여줄 수도 있다는 것입니다. 정부의 이러한 역할 및 필요성에 대해 살펴보면요.

　첫째, 정부가 시장경제의 근간인 경제적 자유와 사유재산제 기구를 유지하고 법·제도를 잘 집행할 때, 시장, 즉 시장질서가 제대로 작동됩니다. 예를 들어, 국가의 사유재산권 보장은 중요합니다. 정부가 법 집행을 통해 사유재산권을 보장해줄 것으로 믿기 때문에 우리는 열심히 사익추구 경제활동을 지속하는 것입니다. 이러한 사유재산의 축적 과정에서 경제가 발전해나가는 것이지요. 사유 재산권이 잘 보장되어야, 사람들의 경제활동도 왕성해지고 시장이 제대로 작동하면서 경제적 성과도 커진다는 말입니다.

둘째, 효율성을 높이기 위한 정부의 역할을 생각해볼 수 있습니다. 자율적 시장이 효율적인 자원배분을 해주지 못하는 경우를 시장 실패라고 부르는데요. 시장의 자율적 작동기능이 실패하는 경우, 정부가 경쟁 제한, 비공정성 등을 개선하는 적절한 정책을 통해 시장실패의 요인을 개선하면서 효율성을 높여줄 수가 있습니다.

시장실패가 발생하는 원인에는 독과점기업의 시장지배력, 외부효과, 공공재 등이 있습니다. 독과점 불완전 경쟁시장에는 기업이 상품의 가격과 수량을 마음대로 정하거나 서로 담합하는 경쟁 제한을 통해 더 많은 이익을 챙겨감에 따라 시장 실패가 발생합니다.

외부효과란 어떤 사람의 행위가 다른 사람에게 대가 없이 영향을 미치는 것이므로, 첨단기술 개발, 공원 조성 등 이로운 효과를 더 많게 하고, 공장 매연, 자동차 배기가스 등의 해로운 효과는 더 적어지게 시장이 조정할 수 없습니다. 공공재는 여러 사람들이 다함께 사용하여 대가 구분이 명확하지 않으므로 시장이 공급할 수 없어서 정부가 공급하는 국방, 도로, 소방, 외교, 치안 등입니다.

셋째, 형평성을 높이기 위한 정부의 역할도 있습니다. 시장 혹은 시장경제는 효율성을 우선시하기 때문에 경쟁을 거친 전문가나 대기업 등의 집중을 통해 소득분배 차원에서 불평등이나 격차를 확대시키는 경향이 있습니다. 따라서 정부가 자율적 시장에 대한 인위적인 공공복지 정책 개입을 통해 경제적인 후생 불평등이나 격차를 해소하는 역할을 다할 수 있습니다.

정부가 시장에 개입하여 형평성을 높이는 것은, 효율성을 다소 떨어뜨리겠습니다. 하지만 자본주의 경제가 지닌 자본축적의 힘에 의한 빈익빈 부익부를 낳는 구조적 결함을 보완하고 현행 경제체제의 지속가능성을 위해 공평한 일이 될 수 있습니다.

이에 따라, 경제성장을 중시하는 그룹은 정부의 시장개입을 최소한으로 제한시켜서 지나친 개입에 따른 정부 실패를 방지하고 자유시장을 통해 효율성을 높이는 것을 지지합니다. 반면 경제안정을 추구하는 집단은 정부의 더 많은 시장개입을 통해 효율성은 떨어져도 사회의 형평성과 안정을 높이려고 합니다.

보통, 정부는 시장에서 희소한 자원의 효율적 배분에 영향을 미치고, 도로건설, 학교, 치안, 국방, 복지 등 공공의 목적에 필요한 재원을 조달하기 위해 세금을 부과합니다. 정부가 부과하는 다양한 세금은 우리 생활의 일부분을 차지할 정도로 우리의 경제활동과 밀접한 관련이 있는데요. 사람들이 소득을 얻고, 물건을 팔고 사도,

이자수익을 받아도, 계약서를 작성해도 세금을 내고 있습니다.

현대 사회에서 조세는 정부의 수입원 이상의 의미를 가지고 있습니다. 세금부과는 공공대중서비스 등을 제공해주는 재정지출의 주요 수입원이며, 그밖에도 소득재분배, 경기안정 등의 역할을 합니다.

예를 들어, 저소득 계층에는 세율을 낮게 적용하거나 세금을 감면해 부담을 덜어주고, 고소득 계층에게는 세금을 더 많이 부과함으로써 계층 간의 소득을 재분배합니다. 이로써 경제가 효율성을 중시한 결과로 커진 빈부 격차가 줄어들게 됩니다. 또한, 조세율 감소를 통해 기업 투자와 소비 지출을 촉진하여 경기를 활성화하거나, 반대로 조세율 증가를 통해 기업 투자와 소비 지출을 억제하면서 경제안정을 도모하기도 합니다.

또한, 정부는 공무원에게 임금을 지급하고, 민간이 생산한 재화와 서비스를 구입하며, 정부가 차입한 채무에 이자를 지불하고, 의료보험이나 실업보험 등을 통해 민간에게 보조금을 주며, 건물이나 기계설비를 구입하는 재정 지출을 합니다. 재정지출의 규모와 내용은 시대 및 경제사회적 상황에 따라 변해오고 있는바, 정부의 최근 활동영역이 교육, 사회간접자본 건설, 사회복지 확대, 환경보호, 과학기술 지원 등으로 넓어지면서 재정규모가 늘어나고 있습니다.

조세를 부과하면, 조세수입으로서 공공의 이득을 얻지만 가격변화에 따른 거래량 감소라는 자원의 비효율적 배분으로 인한 경제적 순손실에 의해 후생이 감소합니다. 이러한 상황에서, 국민들의 조세

부담을 어느 수준으로 정할 것인가는 끊임없이 논쟁거리가 되어 왔습니다. 진보주의의 큰 정부는 정부가 다양한 일을 더 많이 해주는 대신 사람들은 조세부담의 증가를 감수해야 합니다. 반면 보수주의의 작은 정부는 정부가 일을 더 적게 하는 대신 사람들의 조세부담이 완화되겠지요.

경제체제의 여러 갈래

기본적 경제 문제를 해결하기 위해 수립되었던 자본주의의 유형을 자유방임 시장경제, 계획경제, 혼합시장경제로 크게 구분해 볼 수 있습니다. 자본주의의 변천을 통해 오늘날에 대부분의 국가들이 채택하고 있는 자본주의 시장경제 체제가 왜 필수적인지를 살펴볼 수 있을 것입니다.

원래, 자유 시장경제는 약 250년 전 근대 자유방임시대에 나타난 경제체제입니다. 자유 시장경제에서는 경제를 전체적으로 계획하고 명령을 내리는 담당공무원 같은 사람들이 존재하는 대신에, 사람들이 각자 자율적으로 경제를 운영합니다. 생산 판매하는 기업은 누구를 고용하고 무엇을 생산할지를 시장에서 스스로 결정하지요. 개인이나 가계는 어떤 기업에서 근무할지, 어떤 재화를 구입할지를 시장에서 자유롭게 결정합니다.

자유 시장에서 수많은 사람들이 상호 관계를 맺고 행동하면서, 개개인으로 흩어져 전문화된 사람들의 서로 다른 목표와 의도에 따른 합리적 의사결정에 의해 희소한 자원이 효율적으로 배분되는 경제체제가 시장경제입니다. 그 결과, 개별 선호, 특화분업 생산, 창의성 등이 반영된 시장의 필수성 및 경제성장의 지속 가능성 때문에 시장경제 체제가 중요합니다.

자유 시장경제에서는 사회 전체의 후생을 책임지는 사람이 없습니다. 사람들은 각자 자신의 이익에만 관심을 두고 경제활동하고 그 대가에 책임을 지지만, '보이지 않는 손'이라고 불리는 가격기구 시장질서가 체계적으로 보이지는 않지만 모든 경제활동을 조직화하여 경제적 번영을 촉진시킨다고 알려져 있습니다.

20세기 초반에, 자유 시장경제에서 시장질서가 잘 작동하지 않아 대공황 같은 경제침체를 오랫동안 겪자, 정부가 시장이나 경제에 적극 개입하는 혼합 시장경제가 나타났습니다. 오늘날에는 한국을 비롯한 대부분의 국가들은 자율적인 시장질서와 인위적인 정부질서가 공존하는 혼합 경제를 채택하고 있습니다.

왜냐하면, 혼합 시장경제는 자유 시장경제의 이점을 유지하면서 단점을 보완해주는 강점을 가지고 있기 때문입니다. 자유 시장경제는 자유경쟁을 통해 효율성을 높이고 경제성장을 높게 달성하는 유용한 체제이지만 여러 가지의 원초적 문제점을 가지고 있습니다.

경기의 변동으로 경제가 안정되지 못하거나 위기로 경제성장을 이룰 수 없는 비효율성 문제, 경제발전의 혜택이 빈익빈 부익부 형태로 나타나 부와 소득의 불균형이 심화되는 비형평성 문제, 그리고 사회간접자본, 안보, 치안, 환경보호 같은 공공재는 자율 시장이나 가격질서가 공급하기 어려운 문제가 있습니다. 이러한 자유 시장경제의 문제점을 완화하거나 해결하기 위해서는 정부의 시장 개입, 즉 혼합경제가 필요해집니다.

혼합경제는 자유 시장경제를 기본으로 정부가 시장에 공적으로 개입하는 체제로서 크게 두 가지로 구분해 비교할 수 있습니다. 정부가 세금을 많이 걷어 공무원을 많이 고용해 시장에 더 간여하면 진보주의 정치인들이 지향하는 큰 정부가 되고, 반대로 세금을 적게 걷어 공무원을 적게 고용하고 자유 시장에 더 맡기면 보수주의자가 지지하는 작은 정부가 됩니다. 또한, 국가별로 보면, 유럽 유로존 국가들은 공공복지를 강조하여 큰 정부를 지향하는 반면 미국, 영국, 한국 등은 자유 시장경제를 강조하여 작은 정부를 지향하고 있습니다.

계획경제는 정부 주도에 따라 경제활동을 펼치는 것을 말합니다. 과거의 공산주의 국가들은 정부가, 즉 공무원들이 경제를 가장 효과적으로 관리할 수 있을 것이라는 믿음 하에서 경제를 통제적으로 운영했습니다. 그러나 원래의 생각과 달리, 계획경제를 도입한 구소련, 동독과 동유럽 등의 공산주의 체제는 1990년대 초반과 80년대 말에 붕괴했습니다.

경제체제의 여러 갈래

계획경제는 정부만이 국가와 사람들의 후생을 가장 잘 증진시킬 수 있다고 봅니다. 그래서 시장경제에서의 자율적 시장의 역할을 정부가 통제하는데요. 사람들이 사적으로는 재산이나 자원을 가질 수가 없으므로, 국가가 생산관련 기관들을 소유하고 관리하면서 모든 경제활동을 완전히 통제하면서 의사결정을 내립니다. 즉, 공무원들이 자동차, 쌀, 의료 등의 재화와 서비스를 누가 생산하고, 얼마나 생산해야 하면, 누가 소비해야 하는지를 모두 결정하면서, 자원 배분이 이루어지는 중앙계획 경제체제입니다.

계획경제의 장점은 국가 주도로 경제를 빠르게 개발할 수 있고, 자원 통제로 실업이 적고, 소득과 부를 평등하게 분배하기 용이합니다. 그러나 공익을 추구하는 국가는 각자의 사익추구 동기가 낮기 때문에 효율성이 크게 떨어지고, 정부가 절대 전지전능하지 않아 이상적인 경제계획을 세우는 것도 실현하는 것 역시 불가능합니다.

과거에 계획경제 체제를 유지했던 공산국가들은 대부분이 현재는 시장경제 체제를 도입하였습니다. 예컨대, 중국과 베트남은 공산주의였고 현재 사회주의 정치 체제이지만 경제는 계획경제가 아닌 자본주의 시장경제 체제를 유지하고 있습니다. 이를 중국식 자본주의라고 부릅니다. 중국식 자본주의는 경쟁 시장과 국가의 상당한 통제를 결합시켜 부상한 국가 자본주의 경제체제입니다.

경제학의 발전과 논쟁

지난 19세기와 20세기에 재화의 양과 질이 엄청나게 증가해온 가운데, 거시경제학은 보수주의와 진보주의가 서로 대립하여 상호간 논쟁을 통해 경제이론이 발전해왔습니다. 이러한 경제 사상의 연대기적 배경을 이해하면, 인류가 나가는 경제적 운명이 어떻게 형성되고 개선되는지, 또한 이를 위해 얼마나 노력하는지를 알 수가 있습니다.

거시경제학은 총체적 경제활동을 연구하는 분야입니다. 총생산과 국민소득(경제성장), 생산요소의 고용수준(완전고용), 물가동향(물가안정) 등을 분석합니다. 거시경제학이 국민경제 현상을 인지하고 성장과 안정을 조작하는 반면, 미시경제학은 사람들의 행동을 관찰하고 가격결정과 시장질서, 소득분배 등의 문제를 다룹니다.

1930년대까지는 고전학파의 경제분석이 대부분 개별 기업과 산업을 분석하는 미시경제학이었지만, 대공황이 발생한 후 케인즈 학파와 국민소득 생산통계의 개념이 개발됨에 따라 거시경제학은 크게 발전하기 시작했습니다. 다시 말해, 산업혁명은 고전학파 경제학을 등장시켰고, 대공황으로 케인즈 학파가 나타났습니다. 고전학파와 케인즈 학파 사이의 논쟁 및 상이한 견해 속에서, 거시경제학은 시대별 경제상황에 적합한 이론과 정책을 제시하면서 발전해오고 있습니다.

20세기 초반까지의 고전 경제학은 현대 경제학의 기초가 되었으며, 20세기 초반부 이후의 현대 경제학은 다양한 경제학파의 이론들이 나타나면서 발전하였습니다. 현대 경제학은 장기적인 성장과 발전 및 주기적인 경기변동의 복잡한 결정 요인을 탐구하는데 초점을 맞추고 있습니다. 더 나아가 21세기에도 궁극적으로 현대 경제학의 경제 사상은 경제에 내재된 복잡성과 지속적으로 변화하는 난관을 반영하는 개념과 불확실성으로 가득할 것입니다.

경제학에서 고전학파는 1770년대 이후 아담 스미스, 리카도, 밀 등에 의해 발전한 자유방임 경제학파입니다. 자유시장경제가 최적의 결과를 가져다준다고 주장합니다. 자유시장의 균형을 통한 생산과 분배를 체계화했으며, 공급이 스스로 자신의 수요를 창출한다고 믿는 총공급 위주의 경제이론를 주장했습니다. 19세기 중반 이후, 신고전학파가 고전학파의 경제이론을 계승하여 발전시킵니다. 마샬, 피구 등이 한계효용이론을 도입하여 가격과 소득 결정에 절충적인 이론체계를 제시했습니다. 한계주의는 재화의 한계효용과 한계비용이 일치할 때 최상의 자원 배분이 이루어진다고 말합니다.

케인즈 학파는 1930년대 이후 케인즈를 중심으로 수요 차원에서 정부가 시장에 개입해 활력을 불어넣는 역할을 주장한 경제학파입니다. 시장이 균형에서 벗어나 불황과 실업의 문제가 발생하는 그 원인을 유효한 수요의 부족이라 보고 총수요 관리정책으로 재정정책을 제시했습니다. 고전학파의 금리인하가 경기를 확장시킨다는 신념과 달리, 경기불황에서는 금리인하가 투자를 크게 증가시키지 못할 수 있다는 유동성 함정을 제시했습니다. 따라서 공공 재정지출이 경기변동을 조절하는데 중요한 역할을 한다고 봅니다. 그리고 신케인즈 학파인 새뮤얼슨, 해로드, 도마, 토빈 등은 케인즈 이론을 동태적으로 발전시켰습니다.

신고전학파 종합은 1950~60년대에 신고전학파와 케인즈 학파 간에 의견의 일치를 본 이론입니다. 새뮤얼슨, 힉스 등이 고전학파의 장기적 측면과 케인지언의 단기적 측면을 종합한 것을 말합니다. 고전학파의 장기적 관심분야인 물가안정과 재정적자 및 케인즈 학파의 단기적 관심분야인 경기침체와 고용에 대해, 정부가 재정정책과 금융정책을 함께 운용한 총수요 관리정책에 의해 완전고용 및 성장을 달성하면서, 자원의 배분은 시장가격에 의한 수요와 공급 기능에 맡긴다는 이론입니다.

통화주의학파는 1960년대 초반 이후 밀턴 프리드먼으로 대표되는 시카고 경제학파입니다. 화폐(유동성)가 고용과 성장 등 경제를 움직이는 핵심 요인이므로 경제 안정성을 유지하는데 가장 중요한 것은 일관된 통화 증가율을 유지하는 것이라고 주장했습니다. 즉, 통화 공급량이 인플레이션 수준과 경제 생산에 중요한 역할을 한다고 봅니다. 1970년대 유가파동으로 야기된 심각한 인플레이션과 경제불황을 케인즈 경제학이 제대로 대처하지 못했던 스태그플레이션 위기 상황 하에서, 정부의 통화가치조절(통화정책)과 규제 완화 등을 통해 시장의 효율성을 증대시키면서 자리를 잡았습니다. 그리고 통화주의는 신자유주의로 이어졌습니다.

새고전학파는 1970년대부터 루카스, 사전트, 심슨, 펠드스타인 등이 단기에도 가격신축성에 의해 시장 균형이 달성된다고 주장하는 고전학파의 전통을 계승한 경제학파입니다. 획기적인 것은, 이용 가능한 모든 정보를 활용해 미래에 대한 기대치를 형성하는 합리적 기대를 함으로써 체계적 정책을 비효율적으로 만든다고 주장했다는 점입니다. 즉, 사람들이 해당 정책의 결과를 이성적으로 예상하기 때문에 행동이 적응하여 정책효과가 잃게 된다는 것입니다. 합리적 기대학파는 통화주의학파 이후 신자유주의를 대표하였습니다.

새케인즈 학파는 1970년대부터 테일러, 피셔, 블란차드 등이 통화주의학파나 새고전학파의 케인즈 경제학에 대한 비판에 대응하면서 발전해온 경제학파입니다. 케인즈 거시경제학에다 미시경제학적 기반을 제공하기 위해 노력했습니다. 예를 들면, 미시적으로 메뉴비용에 따른 합리적 기대를 받아들이지만 불완전 경쟁시장의 가격 경직성 때문에 시장실패가 가능하다고 생각합니다. 그밖에 로머의 내생적 성장이론 등이 있습니다. 특히, 경제 안정화를 위해 정부의 재정정책과 통화정책이 중요함을 열렬히 옹호합니다.

공급경제학파는 1980년대 초반 이래 레이건 정부처럼 경제의 공급 측면을 중요시하는 학파입니다. 총공급의 확대 차원에서 기업 활동에 대한 감세를 통해 민간부분에서 자본재 투자를 증가시키면서 생산력 증가와 물가 안정을 꾀합니다.

참고로, 1990년대 이후 부각되어온 경제이론을 소개하면은, 행동경제학(심리학과 경제학의 산물), 신경경제학(신경과학, 심리학, 경제학의 산물), 생태경제학(지구환경과 경제학의 산물) 등이 있습니다.

간단히 정리해보면, 주류 경제학자들은 사람의 행태(미시)를 중심으로 경제상황(거시)을 분석합니다. 경제현상의 분석에서는 통계를 기반으로 데이터로 검증하여 일반적인 원칙을 확인하고 해석하려고 합니다.

3장

국민경제에서 부자가 되는 방법

19

경제적 행복의 측정

지난 2020년에는 감염병 재난으로 인해 세계적으로 국가경제가 크게 축소되는 폐해를 입었습니다. 이후, 경제가 조금씩 나아지고 있는데요. 전반적으로 경제가 얼마큼 잘되어 가는지를 판단하려면 어떻게 해야 할까요? 국내총생산(GDP)을 사용하는 것이 하나의 유용한 방법이라고 합니다.

국내총생산이란 한 나라에서 일정기간 (보통 1년) 동안 생산된 최종 상품과 서비스의 시장가치 총액입니다. 국민경제에서 모든 거주 구성원에 의해 재화가 얼마만큼 생산됐는지를 보여주는 지표입니다. 또한, 국내총생산은 경제에서 만들어진 생산물이 경제활동 참가자에게 소득으로 분배된 소득 총액이자 일상생활을 하기 위해 생산물을 구입한 지출 총액을 의미합니다.

따라서 국민경제 전체로 볼 때, 생산과 소득과 지출, 즉 총생산과 총소득과 총지출은 일치하게 됩니다. 그래서 GDP나 총생산 크기를 측정하는 방법에는 기업들이 지불하는 임금 등의 소득을 모두 합하는 방법과 모든 가계들의 소비 등 지출을 합하는 방법이 있습니다.

과거에 국제무역과 국제금융이 활발하지 않았을 때는 한 나라의 총생산을 자국민의 국내외 생산으로 계산된 국민총생산(GNP)으로 측정했습니다. 하지만 오늘날에는 수출입, 해외투자 등으로 인해 세계경제에서 국내외 경제가 밀접하게 연계되기 때문에 자국 내의 외국인 생산을 포함한 국내생산을 계산하는 GDP를 사용하고 있습니다.

경제규모를 나타내는 GDP가 선진국처럼 높을수록 건강, 교양, 교육 등을 더 높게 가꾸면서 행복한 생활을 할 수 있습니다. 국민의 평균소득이 높아지면 더 가치 있는 삶을 살아갈 조건을 갖추게 되는 것이지요. 일인당GDP는 사람들의 평균적인 소득과 지출, 즉 생활수준을 나타내는 지표입니다. 일인당GDP가 높을수록 풍족한 생활수준을 나타냅니다.

한국의 경우, 2019년도 GDP가 1조 6천 2백 9십억 달러였고, 이를 인구수, 5,183만 명으로 나누어준 일인당 GDP는 31,430달러입니다. 선진국을 상징하는 일인당 3만 달러의 고지를 달성했습니다. 또한, 국민총소득(GNI) 3만 달러가 선진국으로 분류하는 하나의 기준인데, 2021년도 한국의 1인당 GNI는 3만 4980달러로서 전 세계 12위이었습니다. 2018년도에 3만 달러를 돌파한 이후 매년 3만 달러를 웃도는 수준을 유지하고 있습니다.

그밖에, 국가 경쟁력은 한 국가의 총체적 역량으로서 미래의 성장잠재력을 예측할 수 있는 국가의 종합적인 능력을 나타내줍니다. 스위스 국제경영개발원(IMD)은 국가의 경쟁력을 경제성과, 정부 효율성, 기업 효율성, 사회간접자본으로 분류해 분석하여 국가별로 순위를 매기고 있습니다. 2022년도 국가경쟁력 순위 1위는 덴마크, 2위는 스위스, 3위는 싱가포르, 대만 7위, 미국 10위였고, 일본은 34위를 차지했습니다. 한국은 국가경쟁력 순위가 27위로서 인프라(사회간접자본)에서는 16위를 차지하여 도로 등 사회간접자본이 잘되어있는 편입니다.

그렇지만 GDP가 완벽한 후생지표라고 말할 수는 없습니다. 그 이유로는 첫째, GDP가 시장에서 거래되지 않는 가사노동 같은 서비스의 가치를 포함하지 못하고, 밀수나 사채시장 같은 지하경제 등의 비관측 비시장경제를 고려하지 못하며, 삶의 행복에 필수적인 여가도 포함하지 않고 있습니다.

둘째, 경제발전과 더불어 발생하는 환경오염, 농촌의 황폐화, 교통혼잡, 범죄증가 등의 부작용을 반영하지 못하고 있습니다. 이에 따라, 일인당 GDP가 실제 복지수준보다 더 높게 나타날 가능성이 있습니다. 그밖에도 빈부격차 확대 등 소득분배 불균형을 고려하지 못합니다.

다음은 기본적인 가계의 생활비용에 대해 살펴보겠습니다. 지금은 최저 생계비라는 용어를 쓰지 않고 기준 중위소득이라고 부르는데, 한국은 보건복지부의 발표에 따르면, 4인 가구 기준 2010년도에는 약 136만원이었지만 2020년도는 약 285만원이었습니다.

생활 속에서 보면, 장보기가 두렵다고 하기도 하고, 휘발유 값, 임대료 등이 상승해 비즈니스하기가 힘들다고 하는 등 물가상승의 과함을 우려하는 목소리를 자주 듣습니다. 물가변동은 가계의 소비생활, 기업의 생산활동, 국가경제 전 부문에 걸쳐 나쁜 영향을 미칩니다. 예컨대, 과거의 생계비를 현재의 생계비와 비교하려면, 물가변동에 따른 화폐의 구매력을 측정해주는 지표가 필요한바 소비자물가지수가 대표적입니다.

개별 재화의 가격은 오르기도 내리기도 하여 전체 재화군의 가격 변화를 판단하기 어렵기 때문에 재화들의 가격을 종합하여 한 눈에 알아볼 수 있도록 평균가격 수준을 구해 만든 것을 물가라고 합니다. 물가를 일정한 방식에 따라 지수화한 것을 물가지수라고 합니다. 보통 기준연도의 물가지수를 100으로 놓고 다른 시점의 물가지수와 비교해보면 물가의 변화정도를 손쉽게 파악할 수 있습니다.

한국에서 통계청이 작성하는 소비자물가지수는 소비생활에서 구입하는 상품과 서비스의 거래가격을 조사한 것입니다. 소비자물가지수는 가계의 평균 생계비나 구매력의 변동을 측정한다는 측면에서 중요합니다. 소비자물가지수가 상승할수록 가계의 생계비가 증가하고 구매력은 낮아져 생활이 힘들어 집니다. 즉, 소비자물가지수는 일정한 생활수준을 유지하기 위해 소득을 얼마나 늘여야 하는지를 계산하는데 사용됩니다.

반면 한국은행이 작성하는 생산자물가지수는 생산한 재화들의 전반적인 수급동향을 반영해줍니다. 그밖에, 근원 소비자물가지수는 변동성이 심한 식료품과 에너지의 구입비용을 제외한 상품과 서비스의 전반적 구입비용을 나타내는 지표입니다. 일시적인 외부충격에 의한 물가변동을 제외시킨 장기적이고 기조적인 물가변동을 나타내줍니다.

소비자물가지수를 계산할 때는, 첫째, 물가지수의 계산에 포함되는 품목, 즉 재화의 묶음을 결정합니다. 어떤 상품과 서비스를 재화묶음에 얼마만큼 포함시킬까를 결정합니다. 한국의 2005년 기준 조사대상지역은 38개 도시이며 조사대상 품목은 가계지출 중에서 차지 비중이 1/10,000 이상인 329개 상품과 160개 서비스로 구성되어 있습니다.

둘째, 재화묶음에 해당되는 각 품목의 가격을 조사합니다. 셋째, 품목별 가격자료를 토대로 보통 주거비, 식료품비, 교통비 등의 비중 순으로 재화묶음의 차지비용을 계산합니다. 그 다음 끝으로, 기준연도를 선정하고 소비자물가지수를 계산합니다. 어떤 한해를 기준연도로 정하고 이 기준연도를 나머지 연도들과 비교하는 기준으로 삼습니다.

그런데 인플레이션은 소비자물가지수를 이용해 계산할 수 있고,

인플레이션 비용을 측정할 수가 있습니다. 예컨대 2차년도 인플레이션율은, 2차년도 소비자물가지수에서 1차년도 소비자물가지수를 공제한 다음, 이를 1차년도 소비자물가지수로 나누고서, 이에 100을 곱하면 계산됩니다.

경제에서 인플레이션이 심해지면 경제적 폐해가 상당합니다. 인플레이션의 폐해로는, 상대가격 질서를 왜곡시켜 의사결정 및 자원배분에 비효율성을 초래하며, 화폐가치를 하락시켜 가계생활의 후생을 감소하고, 세금부담을 가중시켜 저축이 위축되며, 인플레이션을 낮추기 위한 금리인상으로 투자 등 경기가 둔화되며, 물가상승으로 수출은 감소하고 수입이 증가하는 등 경제전반에 부정적인 영향을 미칩니다.

미국의 경우, 1970년대 OPEC의 원유 감축에 따른 두 차례의 공급충격을 겪은 1980년대에 미국의 인플레이션율이 9%를 넘었고 실업률은 7%에 달하는 심각한 스태그플레이션을 겪었습니다. 당시 인플레이션율과 실업률을 합친 고통지수는 최고치에 달했습니다. 이에 따라, 긴축 통화정책을 사용한 결과, 통화량과 총수요의 감소로 물가는 낮아졌지만 생산이 줄면서 실업이 늘어났습니다. 인플레이션 저감 정책에 따른 생산량 감소의 비용을 희생비용이라고 합니다.

그러나 소비자물가지수도 생계비를 측정하는 완벽한 지표가 아닙니다. 첫째 문제점은, 대체효과에 따른 왜곡입니다. 물건마다 가격 상승률이 달라서 소비자들은 상대적으로 가격이 많이 오른 재화는 소비를 줄이고 가격이 덜 오르거나 내린 재화의 소비는 늘립니다. 이러한 소비의 대체 가능성을 배제함으로써 생계비 변동을 과대평가할 수 있습니다.

둘째, 새로운 상품의 등장을 고려하지 못합니다. 신상품이 시장에 나오면 소비자의 선택 폭은 넓어지고 비용도 절약될 수가 있지만 이를 배제함으로써 생계비 변동을 과대평가할 수 있습니다.

셋째, 품질의 변화가 반영되지 않는다는 점입니다. 어떤 상품의 가격은 그대로이지만 품질이 개선되었다면 소비자의 구매력은 증가하겠지만 품질을 측정하기 어렵기 때문에 품질변화를 물가지수에 반영하기는 힘듭니다.

물가는 대체로 상승하거나 변동하기 때문에 법률이나 계약에 따라 임금, 이자율 등을 결정할 때에 일정한 방식에 따라 인플레이션 효과를 조정시켜주는 정책을 물가연동제라고 합니다. 보수, 상품가격, 은행예금 등을 물가지수 변동에 연동시켜 인플레이션에 따른 구매력의 감소분을 보상하고자 하는 것입니다. 인플레이션이 심각한 브라질 등에서 전면적으로 실시되었고 여타 나라에서는 부분적으로 실행되고 있습니다.

예를 들어, 2021년도에 6% 이자율로 30년간의 주택담보대출을 받고 주택을 구입한 경우, 2022년도에 발생한 인플레이션율이 4%라면, 2022년에 은행에 지급해야할 실질이자율은 명목이자율 6%에서 인플레이션율 4%를 공제한 2%가 됩니다. 다른 예로, 2000년도의 주택가격이 122,000 달러이고 당시 소비자물가지수가 137이었는데, 2022년 현재 소비자물가지수가 237.7이라면 그 주택가격을 현재 가격으로 전환해보면 약 211,670 달러가 됩니다.

20

경제성장의 열매 맺기
- 생산성, 저축과 투자, 금융

장기적으로 생산이 증가하면 경제가 성장합니다. 경제가 성장하면 소득이 증대되고 새로운 일자리가 창출됨으로써 국민의 경제후생이 증진됩니다. 경제의 성장률이 높을수록 경제규모 및 생활수준이 높아지겠지만 경제성장을 적정한 수준으로 지속하는 일은 매우 중요하지만 쉬운 일이 아니므로 늘 고민해야할 문제입니다.

한 나라의 경제성장 등 실질적인 생산활동의 동향을 측정하기 위해 실질GDP를 사용합니다. 실질GDP는 GDP를 물가지수로 나눈 것으로서 GDP를 물가로 조정해준 지표입니다. 반면 1인당 GDP는 명목GDP를 인구수로 나누어 준 것이고, 1인당 실질GDP는 실질GDP를 인구수로 나눈 것으로서 실질적 생활수준을 나타내줍니다.

이에 따라, 경제성장률은 실질GDP의 증감률 혹은 1인당 실질GDP의 증감률로 나타냅니다. 한국의 경제성장률은 2022년도에 2.6%를 달성했습니다.

그런데 생산능력이 경제성장에 큰 영향을 줍니다. 생산성이 높을수록 경제성장이나 실질GDP가 증대되므로 세계 여러 나라의 생활수준과 소득수준이 왜 서로 다른지를 생산성의 차이로 설명할 수가 있습니다. 다시 말해, 생산성이 중요한 이유는 생산성의 증가율이 생활수준의 상승률을 결정해줍니다. 산출량 대비 투입량이 작을수록 생산성이 높아지면, 동일한 물가수준에서 더 많이 생산하므로 그 대가로 국민의 소득이 증가하게 되고, 그로 인해 총지출이 증가하면서 생활의 후생수준이 높아진다는 것입니다.

생산성, 즉 노동생산성은 노동 투입량 한 단위당 재화와 서비스의 산출량입니다. 투입 노동 한 단위당 생산량이 얼마큼 되느냐로 정의합니다. 노동력 측면에서 실질GDP를 노동량을 나눈 것으로서, 노동 한단위에 대한 산출량 혹은 근로자 1인당 산출량을 말합니다. 한국의 2019년 노동생산성은 8만 1,006달러 정도였습니다.

한 나라의 생산성을 높이려면 물적자본, 인적자본, 자연자원, 기술지식 등이 필요합니다. 첫째, 자본 혹은 물적자본은 재화와 서비스의 생산에 투입되어 축적되어온 장비와 건축물을 말하는데 근로자들이 연장이나 좋은 장비를 사용하면 생산성이 높아지는 것처럼, 자본이 증가할수록 생산성이 증가합니다. 이에 따라, 정부는 저축과 투자를 촉진하는 정책을 강조합니다.

둘째, 인적자본은 노동자들이 교육과 훈련, 경험, 인성, 노력 등을 통해 습득한 지식과 기술을 말합니다. 근로자들이 교육이나 훈련을 잘 받으면 생산성이 높아지듯이 인적자본이 증가할수록 생산성이 증가합니다.

셋째, 자연자원은 강, 광물, 산림, 석유, 토지 등 자연이 제공해주는 천연자원을 말하는데 자연자원의 부존량이 생산성을 높이는데 중요합니다. 그렇지만 한국과 일본처럼 부존자원이 거의 없는 경우도 무역을 통해 필요한 자연자원을 수입해서 생산하고 수출하면 성장합니다.

넷째, 기술지식, 즉 기술은 재화와 서비스를 생산하는 최선의 방법을 뜻합니다. 약 100년 전에는 식량을 생산하기 위해 많은 노동력이 필요했지만 영농기술이 발달한 현재는 농업인구 소수만으로도 충분한 식량을 생산하고 있습니다. 이처럼 오늘날의 생산성은 기술진보에 더욱 의존하고 있습니다.

특히, 기술진보로 경제성장이 이루어지는 경우에는 수확체감의 법칙이 적용되지 않습니다. 경제가 성숙내지 정체 단계에 진입한 선진국들은 수확체감 때문에 자본을 투자해도 산출량과 생산성을 크게 증가시키지 못하므로 연구개발 등을 통한 기술진보로 꾸준한 성장을 달성하고 있습니다.

그런데 거시경제를 크게 실물경제와 금융경제(화폐경제)로 나눌 수가 있습니다. 실물경제는 상품과 서비스를 거래할 때 실물 재화와 돈이 함께 움직이는 경제분야입니다. 반면 금융경제는 대출받고 이자와 원금을 상환하는 금융거래처럼 돈만 움직이는 경제분야를 말합니다. 경제발전의 수준이 높아질수록 자본축적이 늘어나면서 활발해진 금융경제가 실물경제 못지않게 경제성장에 중요한 역할을 합니다.

한 나라의 금융, 구체적으로 저축과 투자는 생산성 제고 및 경제성장에 매우 중요합니다. 금융시장에서 어떤 사람들의 저축은 금융기관을 통해 다른 사람들의 투자와 연결됩니다. 금융시장은 저축할 사람과 투자할 사람 간의 의사결정을 조정하여 저축을 투자로 연결시키는 역할을 다하면서 경제의 발전을 돕습니다.

즉, 사람들의 저축은 금융을 통해 기업의 투자 자금으로 사용되어 미래의 생산을 증가시킵니다. 금융의 자금 부풀리기 기능을 통해 저축, 투자, 생산이 연쇄적으로 커지는 증폭과정에서 경제성장 및 물질적 풍요가 지속적으로 달성된다고 볼 수 있습니다.

그런데 한 나라 국내에서 생산된 국내총생산(GDP)은 생산활동에 참가해 소득을 얻는 분배 측면에서 국민소득(Y)이 되며, 동시에 경제에서 생산된 상품과 서비스에 대한 총지출입니다. 다시 말하면, 국내에서 창출된 총생산은 경제활동에 참가한 사람들에게 소득으로 분배되는바 기업은 고용한 노동, 자본, 토지 등의 생산요소 소유자에게 소득으로 지급함에 따라 국내총생산은 국민소득과 같아집니다. 또한, 국민소득을 이용한 국내총지출은 개인의 일상생활을 위한 소비, 민간 기업의 생산을 위한 투자, 정부의 국가운영을 위한 구매를 모두 합한 것입니다.

현실에서 외국에 대한 수출과 해외로부터의 수입이 존재하므로,[1] 개방경제에서 국내 총생산은 국내총지출(GNE)에 순수출(무역수지)을 더한 총수요와 같아집니다. 즉, 한 나라의 총수요는 네 가지 항목, 소비(C), 투자(I), 정부구매(G), 순수출(NX)로 구성되며, 국민소득 항등식[2]으로 나타내면 이와 같습니다.

$$Y = C + I + G + NX$$

먼저, 소비란 신축 주택구입을 제외한 상품과 서비스에 대한 가계의 생활에 필요한 지출을 말합니다. 신축 주택구입은 투자에 포함시킵니다. 그런데 소비는 단기적으로 가처분소득(소득에서 세금

---

[1] 수출은 국내에서 생산한 최종재와 중간재를 외국에 판 것으로서 자국의 부가가치가 되지만 수입은 해외에서 만든 물건을 국내에서 구매한 것으로서 외국의 부가가치로 귀속됩니다. 수출로 얻은 이득과 수입으로 나간 지불의 차이를 무역수지라고 부릅니다.

[2] 국민소득 계정 항등식을 살펴보기에 앞서, 등식, 방정식, 항등식을 구분해보겠습니다. 등식은 3 + 4 = 7처럼 등호라는 기호를 사용해서 우변 3+4와 좌변 7의 양쪽이 서로 같음을 나타내는 식입니다. 등식은 등호의 양쪽이 서로 같음을 나타내는 식입니다. 방정식은 $3x + 4 = 7$처럼 미지수 x에 따라 참이 되고 거짓이 되기도 하는 등식입니다. 방정식은 미지수가 특정한 값을 가질 때만 참이 되므로 좌변과 우변은 서로 다른 식입니다. 항등식은 미지수에 어떤 수를 대입해도 참이 되는 등식입니다. 항상 참이 되는 등식으로 좌변과 우변이 같은 식입니다. 항등식은 여러 변수들이 서로 어떻게 연계되는지 분명하게 구분해준다는 점에서 유용한 식입니다.

을 공제)에 많이 의존할 뿐 아니라 과거소득과 미래 기대소득 등 생애소득(항상소득)에도 의존하여 결정됩니다. 소득이 증가할수록 소비가 늘어나 총수요가 증가한다는 것입니다.

투자란 미래 생산에 사용될 수 있는 자본재의 구입으로서 공장이나 오피스 및 기계장비 등의 투자 자본에다 신축주택과 재고품을 포함시킨 지출을 말합니다. 기업은 경기가 좋아질 때 투자를 증가시키며 투자가 증가하면 생산과 고용이 늘어납니다. 그런데 기업이 투자하기 위해서는 실질 수익이 자본조달비용(명목이자)보다 높아야 합니다. 이자율이 낮을수록 투자가 증가하여 총수요 및 총생산(총공급)이 증가한다는 말입니다.

정부는 가계와 기업으로부터 조세를 징수하고 재화에 대한 정부구매를 지출합니다. 모든 공공부문에서 구입한 무기, 도로 등 사회기반시설을 비롯해 장비, 인력, 학교 등의 재화에 대한 실제 지출을 포함합니다. 하지만 사회보장, 건강보험 등의 정부의 소득이전은 정부구매에서 제외되는데 이들은 단지 가계 간에 소득을 재분배하는 효과를 가지면서, 총량적으로 재화에 대한 총지출에 어떤 변화도 낳지 않고 지출의 주체만을 바꾸기 때문입니다.

외국과의 무역, 수출에서 수입을 공제한 순수출은 국내 상품과 서비스의 수요에 영향을 미칩니다. 순수출이 증가하면 국내 총수요가 증가합니다. 그런데 순수출(무역수지)에는 환율, 국내외 소득이 영향을 미칩니다. 다른 여건이 일정할 때, 환율이 상승하면 국내외 소비자들은 환율변동에 따라 지출패턴이 바뀌는데 자국통화 가치절하로 인해 수출경쟁력이 높아져 수출이 증가하고 수입이 감소하여 무역수지가 개선될 것입니다. 반대로 환율이 하락하면 자국통화 가치절상으로 인해 수출이 감소하고 수입이 증가하여 무역수지가 악화될 것입니다. 또한, 국내소득이 증가하면 소비 지출을 증가시키는 경향이 있는바 외국재화에 대한 소비를 증가시켜서 수입이 늘어나며 무역수지가 악화됩니다. 반대로 외국의 소득이 증가하면 자국의 수출이 늘어남에 따라 무역수지가 개선됩니다.

예를 들어, 한국은 2018년도에 GDP가 1,619,800백만 달러, 수출은 604,860백만 달러, 수입은 535,202백만 달러를 기록했습니다. 따라서 순수출로 측정한 무역흑자는 69,658백만 달러이며, 국내총지출은 1,550,142백만 달러였습니다.

참고로, GDP 대비 수출의 비중을 나타내는 수출 의존도는 37.3%이고, GDP 대비 수입의 비중을 나타내는 수입 의존도는 33%로써, 수출과 수입 의존도를 합친 한국의 무역 의존도는 70.4%에 달해 높은 편입니다.

개방경제에서 국민소득(Y)에서 소비(C)와 정부구입(G)을 공제하면 투자(I)와 순수출(NX)의 합과 같아집니다. 이에 따라, Y-C-G는 국민저축을 의미하므로 대신 저축(S)을 대입하면, 저축(S)은 투자(I)와 순수출(NX)의 합과 같아지는 항등식 $S = I + NX$가 됩니다. 일정 기간 동안 한 나라의 저축이 투자보다 크다면, 순수출은 양수로서 국내 투자하고 남은 저축액을 해외에 대부하고 있음을 의미합니다. 반대로 저축이 투자보다 작다면 순수출은 음수로서 국내 투자에 부족한 저축액을 해외에서 차입하고 있음을 의미합니다.

따라서 저축과 투자의 확대가 경제성장 및 일자리 창출에 큰 기여를 하는 가운데, 저축이 투자에 비해 크면 여분의 저축으로 해외에 투자를 해서 이득을 얻을 수 있고, 반대로 저축이 투자에 비해 부족하면 해외의 투자를 유치하거나 해외 차입으로 국내투자를 하게 됩니다. 예를 들어, 일본은 국민이 저축을 많이 하므로 해외투자를 통해 외국에 대부하는 반면 미국은 저축에 비해 국내 투자가 커서 해외투자 유치나 해외 차입을 주로 합니다.

끝으로 경제성장이론을 간단히 검토하겠습니다. 전통적인 고전학파의 솔로우 모형은 장기적으로 자본(공장, 기계설비 등의 축적 자원)과 노동력이 경제성장을 달성하게 해준다고 봅니다. 자본이 지속적으로 축적될수록 경제가 성장하지만 수확체감 현상 때문에 이를 보완해줄 기술력이 경제성장에서 중요하다고 강조했습니다. 그러나 기술수준은 알 수 없는 외생변수로 가정했습니다.

현대에서 신자유주의는 경제성장이 시장경쟁에 의해 달성된다고 보지만 내생적 성장이론은 연구개발과 교육을 통해 이루어진다고 주장합니다. 대표적인 로머의 내생적 성장이론은 기술수준을 현실적인 내생적 변수로 봅니다. 연구개발을 통해 기술수준을 향상시키면 기술진보가 생산능력을 높여서 경제성장을 지속시켜준다고 설명

합니다. 즉, 경제성장은 종래의 투입요소인 노동과 자본의 축적뿐만 아니라 지식의 축적인 기술진보에 달려있다는 말입니다.

그밖에, 루카스의 내생적 성장모형은 교육과 훈련을 받은 인적자본을 도입했고, 다른 모형에서는 생산 현장에서 실무적 실행학습을 통해 축적되는 특화된 인적자본을 고려하기도 했습니다.

특히, 기업들은 자신이 가진 축적된 지식 및 경제전체에 축적된 지식을 이용하여 산출물을 만듭니다. 또, 연구개발 투자를 통해 기업의 지식 축적을 늘리는 중에 경제 전반의 지식 증대에도 기여하게 됩니다. 이러한 점에서 지식 축적에 대한 외부효과가 존재한다고 말합니다. 즉, 기업의 사적인 지식 축적에는 한계생산성 체감이 적용되는 반면 경제 전체의 지식 축적에는 한계생산성이 오히려 체증하는 규모의 경제가 작동됩니다.

그런데 한 나라의 인플레이션, 경제성장 등을 다루는 장기 경제 상황에서는 물가가 변동하기 때문에 경제변수의 실질가치와 명목가치는 달라집니다. 이와 같은, 장기경제는 물가 중심의 시장질서로서 물가변동이 발생하기 때문에 한 나라 경제의 완전고용자원과 기술에 맞추어 생산과 고용이 조정됩니다. 그리고 경제성장은 실질GDP 증가로 측정합니다. 또한, 경제성장은 한 나라의 총수요와 총공급의 수량이 지속적으로 확대되는 것으로서, 단기적으로 총수요(총지출), 장기적으로는 총공급(총생산)의 변화에 영향을 많이 받습니다.

21

거시경제의 열매 맺기
- 정부재정, 통화정책, 재정정책

자본주의 시장경제에서는 모든 사람들이 경제활동에 참여하면서 자신의 생활수준을 높이고 생활환경을 개선해나가며 또 미래에 발생할 수 있는 위험으로부터 스스로 보호하고자 합니다. 현대 국가는 사람들이 능력을 최대한 발휘하도록 개인의 바람을 국가적인 목표로 부각시키고 이 목표를 달성하기 위해 가능한 정책수단을 고안해 집행합니다.

한 나라의 경제정책은 정부가 민간 개개인의 경제활동에 영향을 미쳐서 바람직한 수준의 정책목표를 달성하고 국가경쟁력을 높이도록 적절한 정책수단을 선택해 행사하는 전략적 행동으로 정의할 수 있습니다. 그리고 정책 목표란 정책을 통해 달성하려는 미래의 바람직한 상태로서 정책수단을 선택하는 기준이 됩니다.

한 나라의 경제정책 목표를 정리해보면요. 경제정책의 목표는 장기적으로 적정한 경제성장을 지속해나가는 것이며, 단기적으로는 경제의 안정화로서 실업 축소와 인플레이션 억제 등을 통해 경기안정을 유지하는 것입니다. 그밖에 사회형평성 차원의 한계인 소득과 부의 불균형에 따른 소득격차나 빈부격차를 완화하는 것이 목표가 될 수 있습니다.

또한, 경제정책은 정책이 미치는 영향의 범위에 따라 국내정책과 국제정책 혹은 미시정책과 거시정책으로 구분할 수 있습니다. 보통, 경제정책이 미치는 영향이 대내적이면 국내경제정책이고 대외적이면 국제경제정책이 됩니다. 자유무역, 자본이동(해외투자) 자유화, 대외마찰 축소와 대외거래 지속을 위한 통상정책, 변동환율제 등은 국제경제정책에 해당됩니다. 그리고 경제정책이 특정한 시장(산업)이나 기업의 활동에 영향을 미치면 미시경제정책이고 국민경제 전반에 영향을 미치면 거시경제정책입니다.

정부는 정책 목표를 달성하기 위해 민간 사람들에게서 세금을 징수하여 공공서비스를 제공하고 각종 정책을 조작하면서 사회발전에 기여합니다. 그런데 경제정책이나 경제정책 목표는 동시에 달성될 수 있는 것도 있지만 때로는 서로 충돌하여 하나 혹은 일부만을 선택해야 할 경우가 있습니다. 예컨대 단기적으로 정부가 경기를 부양하면 생산이 늘어 실업은 감소하지만 인플레이션 압력이 발생하기도 합니다.

더구나 사용가능한 자원이 부족하여 여러 정책목표들을 동시에 달성할 수 없기 때문에 정책담당자의 시대 상황적 판단에 기초해서 정책목표의 우선순위를 결정하는 경향이 있습니다. 민주주의 경제사회는 국민 투표로 선정된 정치인 정권의 성격이나 이념이 정책목표들의 우선순위를 결정하는 기준이 됩니다. 예를 들어, 물질적 풍요로움의 지속을 중요시하거나 실업의 폐해를 중시하는 정권은 높은 경제성장 및 경기부양을 정책목표로 설정할 것이고, 계층 간의 소득분배 균형에 관심이 높고 사회복지를 중시하는 정권은 공평한 소득분배를 중요시하면서 성장보다는 복지증진 정책을 선호할 것입니다.

정부의 살림살이, 즉 1년간의 재정활동을 보면요. 정부의 재정지출은 생산된 상품과 서비스를 구매하는 구입지출과 특정 개인이나 부문에 대한 보조금 같은 이전지출로 구분합니다. 특히 정부의 재정지출은 경제의 총수요를 증가시켜줍니다.

국민소득 항등식에서 정부가 징수한 세금 혹은 세금에서 저소득층 생계보조금이나 사회보장 급여 같은 이전소득을 공제한 금액을 T라고 하면, 국민저축은 민간의 저축(Y-T-C)과 정부의 저축(T-G)으로 구분할 수 있습니다. 민간저축은 소득(Y)에서 세금(T)을 뺀 가처분소득(Y-T)에서 소비지출하고 남은 부분을 가리키는 한편 정부저축은 정부의 조세수입(T)에서 정부구입(G)을 공제하고 남은 금액입니다.

경제 안정화 차원에서 공무원 급여, 비품 구입 등의 소비지출과 도로, 운수, 항만 등의 사회간접자본 형성을 위한 투자지출로서 총수요를 증가시켜주는 구입지출(G)에 초점을 맞춥니다. 그리고 재정지출 활동을 수행하는데 필요한 재정수입은 공기업 운영 수입, 국공채 발행 등이 있지만 대부분이 민간부분에서 거둔 세금수입(T)입니다.

간략하게, 정부의 재정수입과 재정지출을 조세수입과 정부구입지출로 보면, 조세수입(T)이 정부구입지출(G)보다 크면 정부의 수입이 지출보다 많아지므로 재정흑자가 발생합니다. 재정흑자는 정부저축이 됩니다. 반대로 조세(T)가 정부구입(G)보다 작다면 정부지출이 정부수입을 초과하므로 재정적자가 발생합니다. 재정적자가 발생하면 정부저축은 마이너스가 되며 그만큼 정부부채가 늘어납니다.

물건의 가격이 거의 변동하지 않는 단기 경제에서는 물가변동이 없는 것으로 가정하므로 모든 경제변수들의 가치는 실질이면서 동시에 명목으로 간주됩니다. 단기 상황에는 경제변수가 실질이든 명목이든 차이가 없다는 말입니다.

그런데 단기에는 총수요의 변동이 경제변동에 어떤 영향을 미치는지를 분석할 수 있습니다. 재화시장에서 총수요의 구성항목인 소비, 투자, 순수출 등이 변함에 따라 총수요가 변하면서 총수요 변동폭만큼 총공급이 변동하여 총수요와 총공급이 일치하면서 경제균형을 달성합니다. 단기적으로 물가가 경직된 상황에서 기업은 유휴 생산능력을 이용하여 총수요에 맞추어 생산과 고용을 조정한다는 것입니다.

이에 따라, 정부는 총수요 변동을 상쇄하여 경제를 활성화시키거나 안정화시키기 위해 통화정책과 재정정책을 사용하게 됩니다. 이때 정책담당자들은 통화정책이나 재정정책 중 한 가지 정책이 변할 경우 그 효과를 예측하여 나머지 다른 정책을 통해 이에 대응하려 할 것입니다.

첫째, 통화정책이란 경제가 안정적으로 성장하도록 중앙은행이 통화량과 이자율을 조작하는 정책을 말합니다. 통화정책은 장기적으로 물가안정과 경제성장을, 단기적으로는 경기활성화나 경기안정을 달성하는 목표로 운용됩니다. 통화량과 물가가 정의 관계가 있기 때문에 방만한 통화공급을 조절하여 물가를 안정시키는 것을 주된 목표로 받아들입니다.

한 나라의 화폐(공급)량은 몇 가지 측정지표가 있는데 M1은 시중에 유통되는 현금과 요구불예금만 화폐에 포함시키고, 그밖에 장기 금융자산, 은행 간 예금 등 유동성이 낮고 일반적으로 사용되지 않는 금융자산은 제외시킵니다.

화폐시장에서 화폐공급(량)은 중앙은행이 조절합니다. 본원통화(현금과 민간은행의 지급준비금)를 직접적으로 통제하고, 간접적으로 M1이나 여타 측정지표를 통제하면서 통화정책을 수행합니다. 반면에, 화폐수요(량)란 사람들이 일정시점에 경제활동을 위해 보유하고자하는 화폐의 양인데요. 여타 조건이 일정할 때, 국민소득이 증가하면 생활을 위한 거래가 비례적으로 늘어남에 따라 화폐수요가 비례적으로 증가합니다.

한국은 한국은행이 화폐를 발행하고 재량적으로 통화공급을 조절하는 가운데 공개시장조작정책, 대출정책, 지급준비정책 등의 수단을 이용하여 통화정책을 수행합니다. 공개시장조작정책의 예로써, 중앙은행이 시장에서 국채를 매입하면 시중의 통화량이 증가해 이자율이 하락하면서 총수요가 증가합니다. 금리가 하락하거나 총수요가 증가하면 경기가 부양됩니다. 반대로 국채를 매각하면 통화량이 감소해 이자율이 상승하면서 총수요가 감소합니다. 장기에 금리가 상승하거나 총수요가 지속 감소되면 물가가 안정됩니다.

단기적으로, 확대적 통화정책이란 공개시장조작 정책으로서 중앙은행이 발행한 국채 매입 등을 통해 통화량을 증가시키거나 기준금리 인하 등을 통해 시중 금리를 인하시키면서 총수요를 증가시켜 경기를 촉진시키는 총수요 관리정책입니다. 반대로 경기가 과열되어 인플레이션이 발생하는 경우 중앙은행은 국채 매각 등을 통한 통화량 감소와 기준금리 인상 등을 통한 이자율 인상 등의 긴축통화정책을 구사하여 경기과열에 대응합니다.

통화량과 이자율 간의 장단기적 관계를 정리해보면요. 통화량이 증가하면. 단기적으로 화폐시장의 초과공급으로 명목이자율을 하락시켜 경기부양을 돕지만 장기적으로는 피셔방정식(명목금리 = 실질

금리 + 인플레이션율)에 따라 명목이자율을 상승시켜 물가상승을 억제합니다.

예를 들어, 세계경제가 1970년대 오일파동으로 극심한 인플레이션 폐해를 경험하면서 긴축 통화정책을 통해 물가를 안정시켰습니다. 이때 통화정책을 통한 물가안정이 더욱 확고해졌습니다.

그런데 통화정책은 길고 복잡한 경로를 거쳐 실물경제에 영향을 미칩니다. 통화정책의 파급경로에는 대표적인 이자율경로를 비롯해 자산가격경로, 환율경로, 신용경로 등이 있습니다.

이자율 경로란, 중앙은행이 공개시장조작 등으로 통화량을 증가나 감소시키면 금융기간간 초단기거래의 콜금리가 하락이나 상승하고 양도성예금증서 같은 90일 이내 만기의 단기이자율도 콜금리에 따라 하락이나 상승함에 따라 장기 이자율도 하락이나 상승합니다. 이와 같은 이자율 수준의 변화는 가계의 소비 및 기업의 생산·투자활동에 영향을 미쳐 총수요와 물가가 변하게 됩니다. 예로써, 확장통화정책으로 이자율이 하락하면 소비와 투자가 증가하여 총수요가 증가하며, 나아가 총수요 증가는 장기적으로는 물가를 상승시킬 수 있습니다.

자산가격경로란, 예로써 중앙은행이 이자율을 내리면 채권수익률이 낮아져 주식과 부동산에 대한 수요가 높아져 이들 자산의 가격이 상승합니다. 이렇게 되면 그만큼 가계는 부가 늘어나 소비를 증가시키고 기업은 높은 가격으로 주식을 발행해 더 많은 투자를 할 수 있습니다.

환율경로는, 예로써 중앙은행이 이자율을 내리면 국내외 이자율 격차에 의해 자본유출이 증가하여 환율이 상승합니다. 환율상승으로 수출이 늘어나고 무역수지가 개선됩니다.

신용경로는, 양적으로 은행대출 규모에 영향을 미치는 것인데, 예로써 중앙은행이 통화량을 늘리면 금융기관은 대출여력이 높아지고 대출이 늘어난 결과 소비와 투자가 증가합니다.

그런데 통화정책은 이자율 변동의 경로가 제대로 작동하지 못하는 경우 그 효과가 떨어질 것입니다. 금융과 실물경제는 이자율을 통해 연결되는데 확장통화정책으로 이자율을 낮추어도 금융권의 예대마진 때문에 소매금융의 이자율이 여전히 높다면 금융권만 직접 저금리 이득을 챙기고 투자나 수요가 크게 늘어나지 않을 수 있습니다. 그밖에, 이자율을 낮추어도 유동성 함정에 빠지면 투자나 수요가 늘어나지 않을 수 있습니다.

유동성 선호이론에 따르면, 이자율이 이미 거의 영으로 하락한 상태에서 확대통화정책으로 통화량이 증가하면 사람들이 보유한 자산 포트폴리오에 대한 유동성은 더 높아져서 자산 투기가 늘어나겠지만 이자율은 더 떨어질 수 없기 때문에 총수요와 고용이 낮은 수준에서 빠져나오지 못할 것입니다. 이렇게 유동성만 풍부하고 총수요 실물경제가 촉진되지 못하는 유동성 함정 상황에서는 해결 가능한 방안 중 하나가 양적완화를 시행하면 금융권의 대출 이자율이 낮아질 수 있다는 것입니다.

예를 들어, 미국은 2008-9년도 금융위기 당시 연방기금 금리가 거의 0%로 떨어졌습니다. 이런 상황에서 경기를 부양하기 위한 확대 통화정책으로서 이자율을 하락시켜도, 금리가 이미 0%로 하락한 상태라서 투자가 촉진되지 않아 총수요를 증가시킬 수 없는 유동성 함정에 직면했습니다. 사람들은 낮은 이자율로 저축과 대부하기보다 차라리 현금을 보유하기 때문입니다. 따라서 중앙은행은 통화를 찍어서 헬리콥터로 뿌리듯이 통화량을 확대시킨 비전통적인 양적완화를 실행했습니다. 공개시장조작 정책수단인 국공채 이외에 민간의 모기지채권과 회사채를 매입하면서 통화량을 확대시켜 금융기관의 대출 금리를 낮춰서 경기를 부양했던 것입니다.

둘째, 재정정책이란 경제가 안정적으로 발전하도록 정부가 정부지출과 조세를 조작하는 정책입니다. 재정정책은 장기적으로 물가안정과 경제성장을, 단기적으로는 경기활성화나 경기안정을, 그밖에 소득불평등 개선, 사회복지 증진 등 형평성을 달성하는 목표로 운용됩니다.

다시 말해, 재정정책은 정부가 재화를 구입하기 위한 지출로서 공무원 급여, 비품구입, 사회간접자본 투자지출 등의 정부지출을 변경하거나 세율조정을 통해 조세를 변경하여 총수요를 조절하는 정책입니다. 단기적으로 재정정책은 주로 상품과 서비스의 총수요에 영향을 주는데, 경기가 침체되고 실업문제가 커지는 경우 정부는 확장 재정정책을 사용합니다. 정부구매(재정지출)를 확대하거나 세금 감면과 조세율을 인하하여 총수요를 증가시켜 경기를 부양합니다. 반대로 물가 급등 등의 경기가 과열이면 긴축 재정정책으로서 재정지출을 축소하거나 세율을 인상하여 총수요 감소를 유도합니다.

그런데 재정지출과 조세의 증감은 승수효과와 밀어내기효과 때문에 총수요에 미치는 영향이 달라집니다. 확장 재정정책의 경우 재정지출 증가나 조세 감소에 따른 총소득의 증가로 인해 소비지출이 추가로 증가하기 때문에 총수요를 더욱 증가시키는 승수효과가 발생합니다. 한계소비성향이 클수록 소비가 더 큰 폭으로 증가하고 승수효과가 커집니다. 또한, 정부 구매가 증가해 총수요가 증가할 때 투자가 증가(투자의 가속도)하면 승수효과가 더 강력해집니다.

반대로 정부구입이 증가하면 총수요가 증가하지만 소득이 증가하여 이에 따른 재화 및 자산 보유를 위한 화폐수요의 증가로 이자율이 상승합니다. 이자율이 상승하면 자금의 차입비용이 늘어나 투자지출이 줄고, 환율하락으로 대외가격경쟁력이 낮아져 순수출이 감소하여 총수요가 감소합니다. 이처럼 재정지출 증가로 이자율이 상승하여 총수요가 감소하는 현상을 밀어내기 효과(구축효과)라고 합니다.

예를 들어, 정부가 200억 원 상당의 구매를 하면 총수요는 200억 원만큼 증가할 것 같지만 사실은 그렇지 않습니다. 재정정책에 따른 승수효과와 밀어내기효과 때문에 정부지출의 증가폭과 총수요의 증가폭이 다릅니다. 경제의 재화에 대한 총수요는 승수효과와 밀어내기효과 중 어느 쪽이 더 강한가에 따라 200억 원보다 더 많이 증가할 수도 있고 덜 증가할 수도 있을 것입니다.

추가적으로, 세금 변동의 경우 총수요의 변동 폭을 결정해주는 중요 변수는 가계가 세금변동을 항구적인 조치로 인식하는가 아니면 일시적인 조치로 인식하는가 하는 것입니다. 사람들이 세금인하가 영구히 지속될 것으로 예상한다면 장기적 소득이 상당히 증가한 것으로 보아 소비지출을 크게 늘리겠지만, 세금인하가 일시적인 것이라면 소득이 크게 늘지 않을 것으로 보아 소비지출을 약간만 늘리면 세금인하가 총수요에 큰 영향을 미치지 못할 것입니다.

단기 개방경제에서 경기침체를 부양하려는 통화정책과 재정정책의 효과를 정리해보겠습니다. 한국과 미국처럼 변동환율제도를 채택한 국가에서는 자율적인 통화정책이나 재정정책 및 통화정책과 재정정책의 동시적 집행이 효과적이겠지요. 그러나 고정환율제도를 채택한 국가에서는 자율적인 통화정책은 사용할 수가 없고, 재정정책 혹은 재정정책과 통화정책의 동시적 집행이 효과적입니다.

다시 말해, 변동환율제도에서 통화정책이 총수요를 확대시키는 능력은 단기적으로 이자율과 환율 원천에서 나옵니다. 확장통화정책으로 인한 이자율 하락이 투자를 촉진시키고 환율상승을 통해 무역수지를 증가시켜 줍니다. 소득 상승으로 수입이 늘어나면 무역수지가 악화될 수도 있지만 대체로 무역수지가 개선됩니다. 그 결과 생산이 확대됩니다.

반면 변동환율제에서 확장재정정책은 직접적으로 총수요를 촉진시켜 생산을 증가시키므로 역시 효과적입니다. 그러나 총수요 증가에 따른 승수 효과는 이자율상승에 따른 투자 감소와 환율하락으로 인한 무역수지 감소라는 구축효과에 의해 상쇄됩니다. 무역수지의 감소 효과는 소득 증가에 의한 추가적인 수입수요로 인해 더욱 증폭됩니다.

그러나 고정환율제도에서 통화정책은 전혀 효과적이지 않습니다. 외환시장 균형을 뜻하는 유위험이자율평가에 의해 국내 이자율이 해외이자율과 독립적으로 다르게 움직일 수 없음으로, 즉 환율이 고정시 국내 이자율이 해외 이자율과 동일하게 고정 돼야 하므로 투자에 영향을 미칠 수 없습니다. 그밖에 환율이 고정되어 있어서 무역수지 역시 자율적 조정이 불가능합니다. 따라서 자율적인 통화정책을 실행할 수가 없습니다.

이와 달리, 고정환율제에서 재정정책은 승수효과는 있지만 구축효과가 없어서 매우 효과적입니다. 정부의 지출증대나 조세감축이 추가적 수요를 직접 발생시켜주고, 재정팽창에 따른 이자율상승과 환율하락을 막기 위한 통화팽창이 수반됨에 따라 이자율과 환율이 원래 수준에 유지된다면 투자와 무역수지에 대한 구축효과가 나타나지 않습니다.

경제안정화정책을 정리하면, 통화·재정정책을 사용해 총수요를 관리하면서 경기를 조절하는 정책입니다. 총수요를 잠재생산능력, 즉 보유한 생산요소를 활용해서 인플레이션을 가속화시키지 않고 실현시킬 수 있는 생산량 수준에 가깝게 조작하여 경기변동의 진폭을 완화하려는 정책입니다. 경제균형(총수요 = 총공급)에 따라 총수요가 늘어나면 유휴 생산능력이 있는 한 총생산(국민소득)이 증가한다는 것입니다. 그러나 경제안정화 정책의 실행 시기, 정도, 방법 등에 관해서는 여러 찬반 의견이 있습니다.

참고로, 경제의 총공급(총생산)은 노동, 자본, 교육, 기술수준 등의 요인에 의해 결정되므로 단기적 정부정책으로 쉽게 조작하기가 어렵기 때문에 총공급에 대한 경제안정화 정책이라는 말은 사용하지 않습니다.

끝으로, 정부의 재정건전성에 대해 정리해보겠습니다. 재정지출은 늘어나고 있지만 줄이기는 어렵습니다. 흔히 재정적자를 메우는 방법으로, 세금을 추가 징수하면 조세저항에 직면할 수 있고, 중앙은행이 발행한 화폐를 차입해 쓰면 통화량 증가로 물가상승을 초래할 수 있고, 국공채를 발행하여 차입하면 채무가 늘어납니다.

재정적자가 누적된 만큼 국가부채가 증가하게 되는데요. 후손이나 젊은 세대는 누적된 원금과 이자에 대한 국가부채를 상환해야 하는 부담을 지게 됩니다. 한국은 최근 10년간 국가부채가 2배 이상 늘어나서, 2023년에 1,128조 원을 초과함에 따라 재정건전성을 강화할 필요가 있습니다. 국가채무가 GDP대비 50% 정도이지만 인구는 줄어들면서 거주자 1인당 안고 있는 부채가 2천200만 원에 달합니다.

재정건전성이란 한 나라의 국가부채를 적정한 수준으로 유지하면서 채무를 상환할 능력을 갖춘 재정상태를 말합니다. 한국의 예산제도는 재정당국이 지출상한을 정해주면 정해진 지출상한 이내에서 각 부처나 분야가 사업의 우선순위를 정합니다. 따라서 재정건전성을 높이는 방법은 예산구조 중에서 경제효과가 큰 부문은 증가시키고 효율적이지 못한 부문은 감축 조정하는 것입니다.

장기적으로 국가부채와 외국인에게 차입한 대외부채의 규모가 커지면 국가신용도가 낮아져 투자유치가 힘들어집니다. 단기적으로는 정부의 재정적자가 발생하면 저축이 감소하여 이자율이 상승하고 투자가 감소합니다. 결국, 투자가 경제성장을 결정해주는 주요 변수이기 때문에 과도한 국가부채와 재정적자는 경제성장률을 떨어뜨립니다.

회피해야 할 경기침체와 실업

일상생활에서 경기가 좋다 혹은 나쁘다는 말을 자주 하는데요. 한 나라의 경기는 경제 각 부문의 평균적인 경제활동 상태를 나타냅니다. 경기란 생산, 소비, 투자, 고용 등의 실물부문 활동을 비롯해 금융부문과 해외부문의 활동을 모두 포함시켜 종합한 것입니다.

그런데 경기가 장기적인 성장 추세를 중심으로 반복해서 오르고 내리는 것을 경기변동 또는 경기순환이라고 부릅니다. 경제활동이 단기적으로 활발하면 경기가 상승하여 정점에 이르게 되고, 이후 경제활동이 부진하게 되면 경기가 하강하여 저점에 이르게 됩니다. 경기의 불규칙적이고 비대칭적인 순환 과정을 저점에서 정점까지의 상승 국면과 정점에서 저점까지의 하강국면으로 구분할 때, 정점을 전후한 기간은 호경기이고 저점을 전후한 기간은 불경기입니다. 따라서 경기변동을 안정적으로 유지하는 것이 중요합니다.

경기가 변동하는 이유는 단기적으로 실물과 화폐적 요인이 변하기 때문입니다. 예를 들면, 첫째, 소득이 증가하면 수입수요가 증가해 총수요가 약간 감소할 수 있지만 소비가 증가하여 총수요가 증가하고 그 결과 총공급이 증가하면서 경기가 좋아집니다.

둘째, 통화량이 증가하거나 이자율이 하락하면 확장통화정책의 일환으로서 투자를 증가시켜 총수요가 증가하여 총공급이 증가하면서 경기가 좋아집니다.

셋째, 정부부문에서 조세 감소와 정부구매 증가가 발생하면 확장재정정책으로서 총수요가 증가하여 총공급이 증가하면서 경기가 좋아집니다.

넷째, 환율이 상승하면 가격경쟁력 향상으로 수출을 증가시키고 수입을 억제해 무역수지를 개선시켜 총수요가 증가하여 총공급이 증가하면서 경기가 좋아집니다.

다섯째, 기술이나 생산성이 향상되면 총생산(총공급)이 증가하면서 경기가 좋아집니다.

끝으로, 반대의 경우가 발생하면 경기가 나빠집니다.

그러나 경기가 좋고 나빠지는 경기변동은 불규칙해서 예측하기가 어렵습니다. 달리 말하면, 경기변동의 현상은 설명하기가 쉽지만 경기변동의 원인을 정확히 제시하는 것은 어렵습니다. 경기침체에서 생산과 고용이 감소하고, 경기호황에서 생산증가와 인플레이션 압력이 발생하는 현상은 쉽게 파악할 수 있지만 그 원인을 명확하게 말하기가 어렵다는 것입니다. 그래서인지 경기변동 이론은 쟁점이 많습니다.

다시 말하면, 경기가 호황이면, 실질성장률에서 잠재성장률을 뺀 값인 GDP 갭이 양수가 됩니다. 실제 성장률이 한 나라 경제가 보유한 생산요소를 사용해 물가상승 없이 이룰 수 있는 경제성장률 추정치인 잠재적 성장률을 뛰어 넘은 상태를 말합니다. 반대로, 경기가 침체이면, GDP 갭이 음수가 됩니다. 실질성장률이 잠재성장률에 미치지 못한 상태를 말합니다.

경기가 침체이면 정부는 경기를 인위적으로 부양하기 위해 확장재정정책을 펼치게 됩니다. 정부의 예산안 증가율을 국내총생산(GDP) 증가율보다 더 크게 하는 확장예산 혹은 확장재정을 지향한다는 것입니다. 동시에, 침체된 경기를 부양하기 위해 확장 통화정책을 펼칩니다. 화폐·금융시장에서 중앙은행은 공개시장조작을 통해 발행한 국공채를 사들여서 통화량을 증가시켜 이자율을 낮추거나 기준 이자율을 낮추어서 시중 이자율을 낮추면서 이자율경로를 통해 실물경제가 활성화되도록 합니다.

예를 들어, 한국은 2023년도의 경제성장률은 1.4%이고 잠재성장률은 2.18%로서 GDP 갭이 -0.78%로 추정된다는 발표가 있었습니다. 이처럼 경기가 침체되면 생산과 투자가 감소하고 실업이 증가합니다. 특히 투자지출이 가장 많이 감소합니다.

경기가 나빠지면 투자가 줄어 실업률이 높아지는데요. 경기변동에 따른 실업을 경기적 실업이라고 부릅니다. 단기의 경기적 실업은 실제 실업률이 장기적인 자연실업률을 중심으로 매년 상하로 움직이는 현상입니다. 자연실업률은 완전고용 상태에서의 정상적인 실업률(잠재성장률 실업률)이지만 경기적 실업은 경기가 부진할 때 야기되는 실업입니다. 경기호황에서는 실제 실업률은 자연실업률보다 낮지만 경기침체에서는 실제 실업률이 자연실업률보다 높아질 것입니다.

전체 인구 중에서 임금 근로자의 비중이 늘어나는 산업발전 추세 하에서 적정한 고용수준을 유지하고 실업을 줄이는 일은 중요한 과제가 되었습니다. 고용통계는 이러한 정책과제의 수행을 돕는 바, 한국은 국제노동기구의 권고방식에 따라 통계청에서 가계조사를 통하여 일정 연령 이상의 인구를 취업자와 실업자, 그리고 비경제활동인구로 구분해 측정하여 경제활동참가율, 실업률, 고용률 등을 매월 발표하고 있습니다.

예컨대 한국의 2020년 11월 기준 실업률은 약 4%입니다. 2016년 기준, 취업자는 2,623만 5천명, 실업자는 101만 2천명, 경제활동인구는 취업자와 실업자를 합한 2,724만 7천명이었습니다. 당시 실업률은 실업자 101만 2천명을 경제활동인구 2,724만 7천명으로 나눈 값에 100을 곱해준 3.71%였습니다.

여기서 취업자와 실업자는 쉽게 구별되지만 실업자와 경제활동에 참가하지 않는 비경제활동 사람을 구별하는 일은 무척 까다롭습니다. 왜냐하면 직장에서 일하다가 그만두고 학교에 진학하거나 가사일을 한다든지 등 경제활동에 참가했다가 안했다 하는 현상은 꽤 흔하고, 더구나 실망실업자들은 구직활동을 포기해 경제활동인구를 벗어나 비경제활동인구에 귀속하기 때문입니다. 이러한 현상이 잦아 실업통계를 해석하는데 어려움이 뒤따릅니다.

또한, 우리의 체감 실업률이 공식 발표된 실업률보다 더 높다고 느끼는 이유가 무엇일까요. 첫째, 취업준비자와 구직단념자를 비경제활동인구로 분류하기 때문입니다. 취업준비자와 구직단념자가 늘어날수록 통계상 실업자가 줄어들면서 실업률은 낮아지게 됩니다.

둘째, 임시직 또는 시간제로 일하면서 상용직 고용(고용계약 기관이 1년 이상인 경우)으로의 전환을 원하는 사람들은 취업자로 분류되기 때문입니다. 불안정한 준실업상태에 있는 사람이 많을수록 체감실업률이 더 높게 느껴질 수 있습니다. 이러한 실업률의 문제점을 해소할 수 있는 지표로서 고용률을 보조지표로 이용하기도 합니다.

국민경제에서 실업이 얼마나 심각한 문제인지를 판단하려면 실업이 단기적인가, 장기적인 현상인가를 확인해야 합니다. 실업이 한 직장을 떠나 다른 직장을 찾기까지 몇 주 정도 걸리는 단기적인 마찰적 현상이라면 큰 문제가 아닐 수 있지만 실업이 장기간 계속된다면 개인적 생활 고통이나 경제 전반에 폐해를 가져올 심각한 문제가 될 수 있습니다. 실업의 지속기간이 긴 장기적 실업이 심각한 문제라는 것입니다. 따라서 실업통계를 해석하거나 실업자를 돕기 위한 정책을 수립할 때는 장기적으로 접근해야 합니다.

구체적으로, 첫째, 단기적인 경기 불황으로 발생한 경기적 실업은 정부가 경기부양 정책을 사용하면 경기가 개선됨에 따라 감소할 수가 있습니다.

둘째, 직장을 바꾸는 과정에서 일시적으로 실업상태에 처하는 마찰적 실업은 경기변동과 무관하게 장기적으로 늘 존재하므로, 고용기회에 대한 정보흐름을 원활히 해주고 직장탐색 과정을 단축시키는 대책을 세워줘야 합니다.

셋째, 기술혁신으로 특정 산업이 사양화됨에 따라 발생하는 구조적 실업은 경제가 진화됨에 따라 불가피하게 발생하지만 산업구조의 개편이 제대로 추진되도록 인력 재훈련이나 직업훈련을 지원하는 대책이 필요합니다.

또한, 장기적인 구조적 실업은, 비숙련 근로자의 소득을 보호할 최저임금제, 내부 근로자의 임금을 높이려는 노동조합, 근로임금을 높게 지급하는 효율임금 때문에 시장임금이 균형임금보다 높아진 결과로서 노동공급에 비해 노동수요가 감소하여 발생합니다.

무엇보다, 현대인의 대부분은 각자의 직장에서 노동을 제공한 대가로 임금소득을 얻어 자기와 가족들이 생활을 해나가는데 사용합니다. 그러므로 사람들이 안정된 일자리에서 근무하는 것은 중요한 정책과제 중의 하나입니다. 완전고용의 달성은 최근 청년실업이 큰 문제가 되는 가운데 경제성장, 물가안정 등과 함께 국민경제의 주요한 정책목표입니다.

재무기초 - 화폐의 미래가치와 현재가치

금융제도가 저축과 투자를 조정해주는 역할을 통해 우리의 경제생활 및 경제의 성장에 큰 영향을 미치는 가운데 사람들은 금융시장에 참가하여 재무적 의사결정을 내리고 있습니다. 금융에 관한 의사결정을 내리는데 필요한 재무이론은 여러 시간에 걸친 자원배분과 위험관리에 대한 사람들의 판단 및 행위를 연구하는 분야입니다.

먼저, 화폐의 시간가치, 즉 상이한 시점에서 주어진 금액을 비교하는 방법을 살펴보겠습니다. 시간에 대한 돈의 가치를 계산하는 경우, 미래가치는 현재의 이자율과 주어진 금액으로 미래에 얻을 수 있는 금액을 말합니다. 화폐를 일정기간 빌려주면 이자를 받게 됨에 따라 현재 금액과 동등한 미래 금액은 원금에 이자를 더해준 것입니다.

미래가치를 계산할 때는 보통 복리로 이자를 계산합니다. 복리 이자계산이란 예금의 경우에 이자가 그 예금계좌에 예치되고, 원리금과 이자에 다시 이자가 붙는 방식으로 원리금이 축적되는 것을 말합니다.

예를 들어, 오늘 은행에 X원을 예금하면 N년 뒤에는 얼마가 될까요. 즉 현재 X원의 미래가치는 얼마일까요. 이자율을 r이라고 하고 매년 이자가 복리로 지급된다고 하자. 그러면 X원에 대한 원리금은, 1년 뒤에는 원리금 X에 $(1+r)$를 곱한 금액이 되고, 2년 뒤에는 원리금 X에 $(1+r)$를 곱한 금액에 $(1+r)$를 또 다시 곱한 금액, 즉 X에 $(1+r)^2$를 곱한 금액이 되며, 이러한 과정을 거쳐서, N년 뒤에는 원리금 X에 $(1+r)^N$을 곱한 금액이 됩니다. 즉, 오늘 은행에서 X원을 예금하면 N년 뒤에는 원리금 X에 $(1+r)^N$을 곱한 금액을 받게 된다는 것입니다.

반면에, 현재가치란 미래의 주어진 금액에 대해 현재의 이자율을 적용시킨 현재의 금액을 말합니다. 미래에 발생하는 현금흐름을 적정한 이자율(할인율)로 나누어서 환산한 값입니다. 다시 말하면, 현재가치란 투자로 발생하는 미래의 소득을 적정한 이자율로 할인하여 지금의 가치로 환산한 것을 말합니다. 그래서 할인 혹은 할인 계산이란 미래에 수취할 금액에 대한 현재가치를 계산하는 과정을 말합니다.

예를 들어, N년 뒤에 X원을 받기로 되어 있다면, 이 미래금액의 현재가치는 얼마가 될까요. 미래의 가치를 구하기 위해 현재금액에 $(1+r)^N$을 곱했다면, 반대로 미래금액에 대한 현재의 가치를 구하기 위해서는 미래금액을 $(1+r)^N$로 나누면 됩니다.

만약 어떤 기업이 1억 원을 투자해 공장을 세워 10년 후에 2억 원의 수익을 얻을 때 투자 여부를 결정하는 경우, 10년 후에 얻을 2억 원의 현재가치를 계산해보겠습니다. 2억 원을 6%의 이자율로 할인해본다면, 즉 2억 원 나누기 $(1+0.06)^{10}$하면 1억 1천 2백만 원이 됩니다. 따라서 수익의 현재가치가 공장건설의 투자비용 1억 원보다 더 크기 때문에 투자하는 것이 이익이 됩니다.

채권시장에서는 이자율보다 수익률이라는 말을 더 많이 사용하는데, 채권 수익률은 투자한 채권을 만기까지 보유한 경우 얻는 수익을 그 채권의 구매가격과 비교하여 계산한 이자율입니다. 그리고 채권 투자가의 현금흐름이란 만기까지의 일정기간별 이자수입과 만기시점의 원금을 합한 것입니다.

예를 들어, 어떤 채권의 액면금액은 1만원이고, 표면(쿠폰)금리가 연 10%이며, 잔존기간이 2년 남은 경우 이 채권을 현재의 시장가격 9,500원에 매입했을 때 채권수익률(R)을 계산해보면요. $9,500 = 1,000원/(1+R) + 1,000원/(1+R)^2 + 10,000원/(1+R)^2$으로서, 이 식을 계산해본 채권수익률은 약 13%입니다. 이 식에서 볼 수 있듯이 채권수익률이 오를수록 채권가격은 떨어지고, 수익률이 떨어질수록 채권가격은 오릅니다. 또한, 우리는 위험과 수익이 서로 충돌하는 상충관계임을 알아야합니다. 사람들이 저축을 가지고 투자를 결정할 때, 수익을 높게 얻기 위해서는 더 커진 위험을 감수해야 한다는 것입니다. 대체로 수익이 높을수록 수반되는 위험도 커지기 때문입니다.

예금과 채권은 가격변동이나 원금상환의 위험이 낮지만 기대수익도 낮습니다. 반면에 주식은 위험이 높지만 기대수익도 높습니다. 다시 말해, 은행예금, 채권, 주식 등 여러 자산에 포트폴리오 투자를 하는 경우, 저축 중에서 주식에 투자된 양이 늘어날수록 평균수익은 증가하지만 동시에 위험도 커진다는 것입니다. 따라서 수익과 위험에 대한 조합 수준의 선택은 그 사람의 취양을 반영한 위험 회피적 태도에 달려 있다고 말합니다.

재무기초 - 위험관리

　일기 예보에서 내일 하루 비가 올 확률이 30%라면 우산을 가져가면 해결될 수 있는 그리 중요한 일이 아닙니다. 우리의 경제에 비가 올 확률이 30%라는 말을 듣는다면 어떤 생각이 들까요. 다시 말해, 경제적으로 성공할 확률 70%, 실패할 확률 30%라면 어떨까요. 이 질문은 우리의 경제적 위험을 생각하게 합니다. 일상생활은 도박으로 가득 차 있습니다. 사람들이 교통사고의 위험을 무릅쓰고 출퇴근하듯 주식이나 부동산을 사고 팔 때 가격이 떨어질 위험을 감수합니다. 아무리 똑똑하다해도 이러한 위험을 모두 피할 수 없습니다. 합리적인 사람은 위험 자체를 피하는 것이 아니라 그 위험들을 감안해서 의사결정을 내립니다.

　우리가 사는 현실에는 사실 잘 생각해보면 양극이 있는 아주 모순적인 양쪽이 존재합니다. 풍요롭기도 하고, 때로는 반대로 부족해 힘들어하기도 합니다. 이렇게 본다면 리치와 가난이 우리가 살아가는 모습 그대로를 반영하고 있다는 말입니다. 다시 말하면, 합리적인 사람은 가난해질 위험을 피하고자 경제활동 자체를 회피하는 것이 아니라 그 위험을 감안해서 판단한다는 말입니다. 우리가 부자일 때는 풍요로워야 하고 가난할 때는 싸워서 이겨내야 하는 것이 현실을 반영하는 경제의 원리라는 것입니다.

사람들이 투자에 따른 손실 위험에 대비하여 재무적 안정을 추구할 때, 위험을 느끼는 성향이 다를 수 있습니다. 특유의 취향에 따라 위험회피형, 위험중립형, 위험선호형 태도로 구분 가능합니다. 투자가들은 동일한 투자에 대해 다른 의견을 보일 수 있다는 것입니다. 투자가별 서로 다른 위험성향을 지니고 있기 때문에 어떤 투자에 대해 위험부담이 크거나 작다고 혹은 적정하다고 각자 달리 생각할 수 있습니다.

위험중립형 투자자는 위험에 상관없이 위험을 전혀 고려하지 않고 기대수익(평균수익)만을 기준으로 투자를 결정합니다. 반면 위험선호형 투자가는 위험부담을 많이 안더라도 수익이 크기만 하면 그 투자를 선호하게 됩니다. 하지만 위험회피형 투자가는 수익과 위험을 고려해서 투자를 결정합니다.

사람들은 불확실성을 싫어하기 때문에 대부분이 위험 회피적입니다. 위험 회피적인 사람은 좋은 일과 나쁜 일이 똑같이 있을 때, 자신에게 위험 손실이 일어나는 것을 기대 수입보다 더 싫어한다는 의미입니다. 마치 이익보다 손해를 더 크게 생각하는 것과 같습니다. 사람들 간의 관계에서 수십 번 잘해주다가 한번 잘못하면 그 관계가 섭섭해지는 것을 볼 수 있지요.

위험 회피적 성향은 경제적 만족(효용)으로 설명할 수 있습니다. 사람의 효용은 재산이 많아 풍요로울수록 크지만, 재산 한 단위가 증가할 때 얻는 추가적인 한계효용은 재산규모가 커질수록 줄어듭니다. 이를 한계효용 체감의 법칙이라고 부릅니다. 따라서 사람들의 한계효용이나 한계수익은 체감하므로 수익증가보다 위험증가로 인한 손해를 더 크게 봅니다. 위험에 따른 손해를 줄이면서 수익이 자연스레 따라오는 투자를 선호하는 태도와 가깝습니다.

우리는 경제를 미리 내다볼 수 없기 때문에 발생할 위험을 회피하려고 합니다. 재무나 금융에 관한 의사결정을 내릴 때 위험에 대처하는 방법으로서, 위험회피형 투자가는 위험 손실에 대처하기 위해 보험, 포트폴리오 분산투자 등을 합니다. 위험을 관리하는 한 가지 방법은 보험을 가입하는 것입니다. 위험을 대비해 보험료를 지불하면 보험회사는 그 위험의 전부나 일부를 수용해줍니다. 생명보험, 화재보험, 건강보험, 연금보험, 자동차보험 등 모든 보험계약은 보험 가입자에게 처한 위험을 낮춰주는 역할을 합니다.

사람들은 위험 회피적이기 때문에 어떤 위험을 혼자 부담하지 않고 여러 사람들이 그 위험을 보험을 통해 나누어 분담하게 됩니다. 보험 가입자는 보험료를 내고 그 대가로서 만약에 발생한 낮은 확률의 사고를 배상받고 대부분의 경우는 사고가 발생하지 않아 마음의 평안을 누릴 뿐입니다. 또 보험회사는 가끔 소수에게 거액의 보험금을 지급하지만 사고가 잘 발생하지 않으므로 사업을 계속할 수 있습니다.

보험은 경제 전체에서 위험을 보다 효율적으로 분산해주는 기능을 수행합니다. 예를 들어, 화재보험에 가입했다고 해서 화재의 위험이 줄어들지는 않습니다. 단지 화재 위험을 수많은 화재보험 가입자들과 함께 나누어 부담하는 것이지요. 화재보험에 가입하지 않아서 혼자 화재위험을 전부 부담하는 것보다 많은 사람들과 함께 화재보험에 가입해서 화재위험을 나누면서 조금씩만 부담하는 것이 더 낫다는 말입니다.

보험시장이 위험을 분산할 때 두 가지 역선택과 도덕적 해이 문제점이 지장을 줍니다. 따라서 보험회사는 역선택과 도덕적 해이의 문제를 인식하고서 보험을 판매한 이후 처할 실제 위험을 고려하여 보험료를 책정합니다.

첫 번째는 역선택 문제입니다. 정보가 부족한 사람이 정보를 가진 자와 거래할 때 잘못된 선택을 하게 되는 것이 역선택 문제입니다. 보험사는 누가 위험이 더 높은지 잘 모르는 상황에서 위험이 더 높은 사람이 위험이 낮은 자보다 더 적극적으로 가입하려는 행동이나 기만을 하기 때문에 보험에 쉽게 가입할 가능성이 높아지는 것이 역선택의 문제입니다.

두 번째는 도덕적 해이입니다. 주변에서 보듯이, 도덕성이 떨어지는 행동으로서 보험에 가입한 사람들은 위험이 따르는 행동을 할 때 아무래도 덜 조심한다는 것입니다.

위험 회피적인 사람들이 위험을 관리하는 다른 방법에는 포트폴리오 분산투자가 있습니다. 분산투자란 어떤 위험을 여러 개의 위험으로 쪼개어 대체하면서 위험을 감소시키는 것입니다. 즉, 분산투자란 한 가지 투자대상에 올인하기 보다 여러 개의 관련 없는 소규모 투자대상으로 나눌 경우 위험이 감소되는 방식을 말합니다.

저축으로 금융자산을 구입할 때 여러 금융상품에 분산투자를 하면 수익이 급락하는 위험을 줄일 수가 있습니다. 하나의 금융상품에 투자하면 수익이 급등할 수 있지만 급락하기도 하기 때문에 수익이 급락하는 위험이 높아지겠지요. 주식을 구매할 때 한두 주식에 큰 금액을 투자하기보다 여러 주식으로 투자를 분산하면 수익률의 변동 위험을 줄일 수가 있습니다. 그러나 분산투자는 어떤 투자나 투자자가 직면한 특정 위험은 제거할 수 있지만 모든 사람에게 영향을 동시에 미치는 글로벌 경제위기 같은 시장위험(경제 전체에 관한 불확실성, 체계적 위험)을 제거할 수가 없습니다.

참고로, 자산 가치의 위험은 통계학에서 나오는 분산이나 표준편차라는 통계량으로 측정할 수 있습니다. 분산과 표준편차가 기댓값(평균치)에서 떨어져 있는 정도를 측정해주기 때문에 자산의 수익률의 분산이나 표준편차가 클수록 그 투자 위험이 크다고 말합니다.

25

재무기초 - 자산가치평가

저축한 자금으로 투자를 어떻게 해야 할까요? 자산을 투자할 때 성공할 수 있는 기본원칙은 '싸게 사서 비싸게 파는 것'입니다. 싸게 사서, 비싸게 팔면 좋고 보통 가격으로 팔아도 이익이 납니다. 따라서 투자에서 우선 중요한 것은 자산을 싸게 사는 것입니다.

어떤 자산을 싸게 구매하려면 어떻게 해야 할까요? 사려는 자산의 매매가격과 적정 가격을 비교해야 합니다. 그런데 적정 가격을 결정하기가 어렵습니다. 증권, 부동산, 미술품 등 자산의 적정 가격을 산정하는 방법은 많지만 항상 들어맞는 것은 없기 때문에 투자가 어렵고 복잡하다고 합니다. 각각 모두 장단점을 가지고 있어 투자가는 자기 나름대로 적정 가격을 산정할 기준을 갖고 있어야 합니다.

주식에 투자하는 경우, 그 회사의 가치를 감안해야 하므로 기업가치를 적정 가격으로 산정할 수 있습니다. 그러면 투자자들은 기업가치와 주가 간의 비교를 통해 주식을 살 것입니다. 기업가치가 주식가격보다 높으면 그 주식은 저평가, 기업가치가 주가보다 낮으면 그 주식은 고평가, 그리고 기업가치가 주가와 같다면 정당하게 평가되었다고 말합니다. 따라서 주식을 매입할 때는 저평가된 주식을 선호할 것입니다. 저평가된 주식을 매입해두어야 주가가 상승할 가능성이 높아지기 때문이지요.

그러나 이것은 말처럼 쉽지가 않습니다. 주식의 거래가격은 시장에서 수요와 공급에 의해 결정되기 때문에 수요와 공급에 영향을 미치는 경제적 요인들을 파악하면 손쉽게 찾아볼 수도 있습니다. 그러나 기업의 가치(주식의 가치)를 정확히 결정하는 것은 어려울 수 있습니다.

주식 혹은 여타 자산의 가치가 어떻게 결정되는지 시간과 위험이라는 두 가지 기본개념을 활용해 살펴보겠습니다. 자산가치의 평가에는 기초가치 분석 접근법, 효율적 시장가설 접근법, 시장의 비합리성 접근방법 등이 있습니다.

먼저, 기초가치 분석 접근방법(펀더멘털 접근법)이란 기업의 내재된 기본가치, 즉 펀더멘털에 기초하여 기업의 가치를 판단하는 방법입니다. 한 기업의 가치를 판단하기 위해 그 기업의 재무제표와 장래 전망을 분석하는 것입니다. 그러나 대차대조표, 손익계산서 같은 재무제표 및 수익성, 매출액, 정부정책, 고객충성도 등을 통해 기업의 장래 전망을 분석하는 일은 매우 상세하고 어려운 일들입니다.

많은 증권사들은 기업의 기초가치 분석을 담당하는 분석가를 고용하고서 어떤 주식을 사야할지 조언을 해주고 있습니다. 투자가에게 주식의 가치는 그 주식을 보유함에 따라 얻을 수 있는 이득으로서 배당금과 주식처분가격이 포함됩니다.

다음은 투자자가 기초가치 분석에 따라 주식 포트폴리오를 선정하는 방법에 대해 살펴보겠습니다. 기업이 발표한 연차보고서 등을 읽거나 스스로 관련사항을 연구해볼 수 있고, 주식분석가들의 조언을 듣고 따라 해볼 수 있으며, 자금운용 전문가가 관리하는 뮤추얼 펀드의 지분을 사는 방법이 있습니다. 그 결과, 기초가치 분석에 따른 기업가치와 주가를 비교하면서 주식의 포트폴리오를 구성하거나 주식을 사고 팔게 됩니다.

다음, 효율적 시장가설 접근방법은 자산가격이 그 자산의 가치에 관한 공개된 정보를 모두 반영해준다는 이론입니다. 시장의 가격이 수요와 공급의 균형에 의해 결정되므로 시장가격은 저평가되었다고 생각하는 사람들과 고평가되었다고 보는 자들이 평균적으로 정당하게 평가한 것으로 봅니다.

따라서 어떤 주식의 시장가격은 주어진 정보에 입각해서 그 주식을 발행한 기업의 가치에 대한 최선의 추정치라는 것입니다. 시장에서는 주식을 사고 파는 사람들이 해당 주식의 기본가치에 대한 정보를 합리적으로 처리한다는 말입니다. 즉, 기업의 가치와 주식의 시장가격이 거의 동일하다는 것입니다.

다시 말해, 주식시장의 주가는 정보에 따라 변동이 가능한데, 회사의 전망에 좋은 정보가 나오면 주가가 오르고, 반대의 경우 내립니다. 주식시장에서 효율적 시장가설이 성립된다면 주가는 활용가능한 모든 정보를 반영해서 결정되고 시장은 정보의 효율성을 보여줍니다.

이에 따라, 효율적 주식시장에서 투자가는 어떤 주식도 다른 주식보다 더 나을게 없으므로 단지 여러 종목의 포트폴리오 분산을 구축하는 것이 최선의 방법입니다. 또한, 주가는 알 수가 없는 랜덤 워크로 변동하므로 그 예측이 불가능하며, 예측 불가능한 방송 뉴스가 주가 변동을 가져올 요인입니다.

그러나 일부 학자들은 효율적 시장가설에 의문을 제기했고, 그 대신 시장의 비합리성 접근방법을 제시하였습니다. 현실에서 주식시장은 그렇게 합리적이지 않을 수 있고, 적어도 단기적으로는 비합리적일 수 있다는 것입니다. 비이성적인 심리적 요인 등이 주가나 자산가격에 영향을 미친다는 말입니다.

부분적으로, 주식가격은 사람들의 심리적인 요인에 좌우되어 변동합니다. 주가는 시장에 대한 낙관론과 비관론 같은 비이성적인 본능의 파동에 따라 상승하기도 하락하기도 한다는 것입니다.

주식시장에서 비이성적인 과열로 인해 활황 장세를 탈 때, 많은 사람들이 주식을 더 높은 가격에 매각할 수 있을 것으로 기대한다면 주식투기로 거품이 존재하게 됩니다. 주가가 기본가치를 초과하면 시장에 투기적 거품이 쌓였다고 말하지요. 주가나 자산가격의 거품은 장래에 그 가격이 균형가격으로 되돌아 내려가면서 거품이 붕괴될 때 수많은 투자자에게 손실을 끼치면서 경제 전반에 폐해를 가져다줍니다.

경제균형 상태로 돌아가려면

자유주의, 즉 개인의 자유를 중시하는 개인주의는 집단의 의한 통제보다는 개인의 자발성을 우선시하여, 개인의 자유를 보장하고 개성이나 개인 능력을 꽃피우기 위해 국가와 사회제도가 존재한다고 보는 철학입니다. 자유주의의 실질적 내용은 17-18세기부터 있었고, 그 용어는 19세기부터 쓰이기 시작했습니다.

근대부터 우리는 신분차별(중세봉건 사회에서 귀족과 평민, 한국의 양반과 천민 등), 타인에 대한 약탈(제국주의 국가의 식민지 지배와 자원 약탈 등)과 강제(공산주의의 개인 통제) 등이 잘못된 것인지를 알게 되었습니다. 오늘날에는 자유주의를 받아들일 자격이 부족한 아프가니스탄 같은 일부국가를 제외한 대부분의 국가에서는 개인의 자유를 중시합니다. 경제적으로, 누구든지 자유롭게 여행을 가거나 물건을 살수도 있고, 열심히 하면 부자는 물론 높은 지위나 자리에 올라갈 수도 있습니다.

그래서 정부가 시장경제의 기본이 되는 제도와 기구를 잘 유지하고 법을 잘 집행할 때 시장의 자율적 질서가 제대로 작동되어 경제 내의 효율성이 높아집니다. 이때, 첫째로 중요한 것은 경제활동의 자유라고 생각합니다. 경제적 자유란 사람들이 각자 개인적 이익을 얻기 위해 모든 경제적 의사 결정을 자유롭게 하는 것을 말합니다. 예를 들어, 구매나 판매, 대부나 차입 같은 계약을 체결할 때의 자유, 고용 같은 직업 선택의 자유 등입니다.

달리 말하면, 경제활동의 자유는 사람들의 경제적 이익 추구 행위를 제도적으로 보장해주는 것을 의미합니다. 경제적 자유를 통해 경제의 효율성 및 개인들의 창의성과 잠재력을 최대한 발휘하게 해주지만 자율적 선택에 따른 불균등한 결과에 대해서는 각자 책임을 져야 합니다.

그 다음 중요한 것은 사유재산권의 보장입니다. 시장경제의 작동을 위해서는 개인들이 사유 재산을 소유하고 처분할 수 있도록 재산권을 보장해주는 제도적 장치가 필요하다는 것입니다. 정부가 법 집행을 통해 사유재산권을 보장해줄 것으로 믿기 때문에 우리는 열심히 사익추구 경제활동을 지속하는 것입니다. 이러한 과정에서 경제가 발전해나갑니다.

사유 재산권은 재산의 보유, 활용, 처분 등이 재산 소유자의 의사에 따라 자유롭게 이루어지는 것을 의미합니다. 사람들은 자신이 일한 것에 대한 몫을 자기재산으로 가질 수 있으므로 근로 의욕이 높아지고 생산성이 향상됩니다.

근대 초기에 이미 재산권은 천부적 인권의 하나로 간주되었습니다. 로크는 재산을 생명과 자유와 함께 3대 기본인권으로 주장하였습니다. 로크의 사상은 근대 자유주의의 인권선언에 그대로 반영되었는데요, 당시 재산권을 미국 버지니아 권리장전은 '천부적 권리'로 선언했고, 프랑스 인권선언은 '불가침의 신성한 권리'라고 선언했습니다. 이와 같이, 근대 초기의 소유권 절대사상은 자유주의 사상과 함께 자본주의 경제를 지탱하는 핵심원리를 이루었고 자본주의 발전의 원동력이 되었습니다.

그렇지만 사유 재산권의 행사가 공공복리에 어긋나지 않아야 합니다. 19세기말 이후, 재산 소유권이 공익을 위해 제한될 수가 있다는 인식이 자리 잡았습니다. 이러한 인식은 바이마르 헌법(1919) 제153조 제3항에 성문화되었습니다. 한국의 제헌헌법(1948)은 본 바이마르 헌법의 재산권 조항을 수용하여 현재까지 그 기조를 유지해오고 있습니다. 지나친 사적 이익 추구와 사유재산 축적은 공공의 이익을 해칠 수 있으므로 법의 테두리 안에서 보장해야 한다는 말입니다.

경제적 자유와 사유재산 제도가 전제된 자본주의 시장경제는 21세기에도 여전히 지배적인 경제체제이지만 소득과 부의 불평등 심화, 환경 악화 등과 관련된 사회 분열로 인해 비난을 받고 있습니다. 따라서 자본주의가 지속가능하려면 다시 한 번 진화해야 한다는 공감대가 커지고 있습니다.

새로운 것을 창조하기 위해서는 용기가 필요하듯이, 새로운 변화를 위해서는 위험을 감수할 필요가 있습니다. 세상에 대한 관점의 폭이 개인적으로 넓어졌기 때문에 우리는 각자 이 시대의 흐름에 맡겨, 자본주의 경제의 원래 목표에 합당한 새로운 길을 찾도록 고민해야 합니다.

각 사람마다 생각이 있고, 사고하는 것이 다르기 때문에 제 적성에 맞는 것이나 잘하는 것을 선택할수록 성과가 커질 것입니다. 무엇이든지 간에 가장 중요한 것은 물질적 부를 통해 이루는 행복에 대한 마음가짐입니다.

물질 만능주의 시대에 살고 있는 현대인들은 물질적으로 풍요할수록 더 많은 행복감을 느낀다고 하지만 지금의 행복에 감사함으로써 물질적 풍요가 끌어당겨질 수 있게끔 만드는 것도 바람직해 보입니다. 자신에 대한 인식이 내성 혹은 반성에서 시작될 수 있듯이 물질 대상과 행복의 관념 간의 순차적인 관계를 뒤바꿔 원래 자본주의가 목표한 모습으로 되돌아가는 진화가 필요해보입니다.

시장실패와 정부개입

국가는 시장경제나 시장의 성과를 개선할 수 있습니다. 시장경제의 자율적 성과를 효율성 및 형평성 측면에서 개선할 수 있다는 것이지요. 이는 정부가 자율적 시장질서가 제대로 작동하도록 시장경제 환경을 조성 및 유지해줄 뿐 아니라, 자유 시장의 결과에 효율성 및 형평성을 더 높여줄 수 있다는 말입니다. 시장경제에서 정부의 개입 정도는 국가마다 차이가 꽤 나지만 자유시장과 정부의 기능은 상호 보완이 불가피합니다.

정부가 자유시장에 개입하는 첫째 이유는, 효율성 제고 차원에서 시장실패를 교정내지 보완하여 희소한 자원 배분의 효율성을 높이기 위해서입니다. 그래야 물질적 풍요로움의 욕구를 계속 충족시킬 수가 있겠지요. 정부가 시장에 개입하는 둘째 이유는, 형평성 개선 차원에서 복지 제공 및 소득 분배의 심각한 불균형을 개선하기 위해서입니다. 경제력의 차이에서 야기되는 상대적인 불만족을 해소하는데 도움을 주는 것입니다.

효율성 제고 차원에서, 시장실패의 첫 번째 원인인 불공정한 경쟁에 대해, 정부는 경쟁이 공정하게 유지되도록 규칙과 제도를 제정 및 실행합니다. 한국의 예로서, 독점규제 및 공정거래에 대한 법률, 공정거래 위원회 등을 만들고 그것이 잘 지켜지도록 감시합니다. 정부는 반독점정책, 공익사업 관리 등을 해나가면서 독과점을 규제하여 독과점시장을 효율적인 완전경쟁시장에 가까운 시장으로 만들려고 합니다.

다시 말해서, 자원배분의 효율성을 높이기 위해, 독과점기업이 가격을 부당하게 올릴 때는 시정명령을 내리고, 기업 간의 담합처럼 공동으로 경쟁을 피해 짜고 행하는 행위를 단속하고, 기업 상호 간의 부당한 거래에 대해서도 규제하면서 불공정한 거래를 막고 있습니다. 아울러, 정부는 대규모 기업에 비해 불리한 소비자의 권리를 보호하는 장치, 한국의 예로써, 소비자 보호법, 한국 소비자 보호원 등도 마련하여 불공정한 거래를 막고 있습니다.

시장실패의 두 번째 원인인 외부효과를 개선하기 위해서, 정부는 음의 외부효과인 환경오염에 대해 환경을 보호하고, 양의 외부효과인 기술개발에 대해서는 의무교육 등을 제공합니다. 예컨대 시장실패를 개선하기 위해 정부가 외부효과에 대한 비용을 지불하도록 제도를 법제화할 수 있습니다. 하지만 외부효과를 찾아 일일이 제도화시키는데 막대한 비용이 소요되기 때문에 사실상 불가능할 것입니다.

다시 말해, 유인 정책으로서, 공장의 환경오염 같은 외부불경제를 줄이기 위해 정부는 환경 오염물질의 허용 기준치를 정하고 기업에게 벌금을 부과합니다. 반대로 외부경제 효과가 큰 기술개발은 장려하기 위해서 기업에게 보조금을 지원하고 있습니다.

시장실패의 세 번째 원인인 공공재화는, 시장에 맡길 경우, 민간에 의해 생산되지 않거나 충분한 생산이 어렵기 때문에 정부가 직접 또는 공기업을 통하여 공공재를 생산합니다. 공공재의 공급에는 국방, 학교, 치안, 공중보건 등을 비롯해서, 시장경제 작동의 전제가 되는 법과 질서의 확립 및 사유재산권의 보호 그리고 거시경제의 안정적 유지가 이에 해당됩니다.

시장실패를 개선하기 위해서는 정부가 직접 생산한 공공재를 대가를 지불한 사람들에게만 공급해야 합니다. 그러나 공공재에 과도한 대가를 부과하거나 대가를 지불하지 않았다고 소비를 배제하는 것은 현실적으로 어렵습니다. 따라서 정부가 시장이 생산하기 어렵고 공공후생을 증대시킬 공공재를 공급하면서, 공공재와 관련한 시장실패를 어느 정도는 교정하지만 충분히 교정하기가 어렵다는 말입니다.

그밖에, 거시경제를 안정적으로 유지하는 차원의 시장실패를 교정하기도 하는데요, 정부는 다양한 정책을 펼쳐서 물가안정, 고용증대 등 경제 안정을 유지하기 위해 노력합니다.

시장실패의 네 번째 원인으로 정보의 비대칭을 포함한 불완전한 정보가 있습니다. 정부는 사람들이 신호 보내기나 골라내기를 통해 스스로 정보의 비대칭 문제를 개선내지 해결하도록 도울 뿐만 아니라, 모든 정보를 공개하고 투명성 감시기능을 강화하여 정보 독점이나 비대칭성 문제를 최소화할 제도를 여러 방식으로 구축할 수 있습니다.

예컨대, 의료·생명·연금 보험, 금융규제, 소비자보호 등에서의 불완전한 정보나 정보의 비대칭에 따른 도덕적 해이와 역선택의 문제를 극복하면 이들을 활성화시킬 수 있다는 말입니다. 도덕적 해이란 부도덕한 행위로서 한쪽 당사자가 자기 책임을 소홀히 하거나 정보가 부족한 다른 쪽 당사자에게 슬쩍 떠넘기는 행위입니다. 반면, 역선택은 거래 당사자 중 정보가 부족한 사람이 불량품을 모르고 사듯이 바람직하지 못한 거래가 행해지는 것을 말합니다.

그밖에, 효율성을 높이기 위해 정부는 민간의 경제활동을 조정합니다. 공기업 민영화, 규제완화 등을 통해 자원배분을 위한 시장기능을 활성화시키고 각종 유인을 제공합니다.

소득 분배는 개인의 능력과 노력에 따른 배분이 바람직하지만 경제체제가 완전하지 않을 수 있습니다. 이에 따라, 경제활동의 결과인 소득을 시장원리에 따라서만 분배하면, 사회구성원들 사이의 소득과 부의 불균형이 커질 수 있으며, 경제적 약자들은 자기능력으로만 살아가는데 큰 어려움을 겪거나 상대적 부족감이 커질 수 있습니다. 소득 격차의 확대와 이로 인한 빈부격차의 심화 그리고 실업, 질병, 은퇴 등으로 인한 소득의 급격한 감소는 사회 불안을 키울 수가 있습니다.

형평성 개선 차원에서, 정부의 역할은 빈곤퇴치와 재난구호를 통한 빈곤층 보호, 공적연금이나 조세를 통한 소득 재분배, 빈곤층을 위한 공적부조, 실업보험 같은 사회보험 제공 등이 있습니다.

특히, 소득 재분배는 이론적 근거를, 최대 다수에게 최대 행복 실현을 강조한 공리주의, 최하층 최소 수혜자에게 최대의 몫을 주자는 최소극대화 원칙, 공공재를 통한 소득분배가 공평하다는 공공재로서 재분배, 장래의 소득 감소를 대비하는 보험원리 재분배, 저소득층 소득이 증가하면 사회문제가 완화된다는 외부경제 재분배 등에 두고 있습니다.

소득의 과도한 불균형 및 빈곤 현상이 지속되면 국민경제 전체적으로 생산성은 낮아지고, 사회 활력도 저하되며, 나아가 범죄율이 높아지는 등 경제적으로나 사회적으로 심각한 문제를 초래할 수 있습니다. 따라서 정부가 소득분배를 조정하는 역할이 중요합니다. 대표적 재분배 정책에는 현물과 현금의 보조, 소득증가에 따라 혜택이 감소하는 소득연계 복지, 최저임금제, 소득세 환급제도, 극빈자 공공근로 등이 있습니다.

현대 경제에서는 국가가 보건·복지 등 국민들의 다양한 요구를 들어주고 시장실패를 보완해준다는 이유로 정부의 시장개입을 정당화합니다. 그러나 정부의 개입과 규제가 바람직한 결과를 늘 가져다주는 것은 아닙니다. 정부도 시장처럼 완전하지 못하기 때문에 적절치 못한 대응이나 지나친 개입은 시장실패를 오히려 악화시킵니다. 이와 같이, 정부의 시장개입이 효율성을 높이기보다 자원배분의 비효율성을 초래하는 경우를 정부실패라고 부릅니다.

한편, 정부나 공기업은 보상이 안정적이고 근무가 편하기 때문에 업무를 안정적으로 계속 수행할 수 있습니다만, 경쟁이 부족하기 때문에 공공재의 생산비용을 자발적으로 낮출 유인이 적습니다. 또한, 부실하게 운영되더라도 민간 기업처럼 망할 염려도 없고, 열심히 일한 성과에 따라 보상을 받는 유인체계도 부족합니다.

첫 번째 정부실패의 원인은, 정부부문은 경쟁력을 높이고 비용을 줄이는 노력이 소홀하며 조직이 방만해지기 쉽다는 것입니다. 경쟁자가 없고 유인체계가 부족 등 때문에 경쟁력을 높이고 비용을 줄이는 노력이 소홀해지고, 조직이 방만해지기 쉬워서, 경제활동의 효율성이 기업에 뒤질 수밖에 없습니다. 정부실패는 상당부분 정부부문의 이러한 속성 때문에 초래된다고 합니다.

두 번째 정부실패의 원인은, 정부가 불완전하다는 것입니다. 현대 경제사회에서 복잡성과 다양성이 증가함에 따라 정부 조직이 효율적이고 효과적으로 운영되어야 함에도 정부는 그 자체가 불완전한 기구라는 것입니다. 정부나 행정 기관의 구조, 기능, 권한 분배, 의사결정 과정 등에서 효율성, 투명성, 책임성 등이 부족하다는 말입니다.

세 번째 정부실패의 원인으로는, 정부기능을 경제분석 방법에 따라 분석하는 정치경제학을 들 수가 있습니다. 정부는 다양한 성향과 이해관계를 가진 사람들이 모인 집단이기 때문에 합리적인 의사결정이 어려울 수 있습니다. 투표로 선출된 정치인은 다음 선거의 당선이 중요한 관심사이기 때문에 근시안적이고 정치적 이해관계와 타협할 가능성이 높으며, 관료 공무원들도 경제활동에 관한 완전한 정보를 얻지 못하고 로비나 압력으로 합리적 의사결정을 내리지 못할 수 있습니다. 그래서 정부가 추진한 정책들이 실제로는 낭비적인 결과를 초래하는 경우가 있습니다.

자율적 시장의 실패는 정부의 인위적 시장개입으로 상당부분 개선될 수 있습니다. 그렇지만 정부의 시장 개입은 항상 최선은 아닙니다. 때로는 정부의 직접적인 개입 없이 사람들이 자발적으로 참여하는 노력을 통해 시장실패가 효율적으로 보완되기도 합니다.

예를 들면, 환경오염 같은 해로운 외부효과를 야기시키는 기업의 행위도 사회구성원의 고발정신만으로 상당부분 줄일 수 있습니다. 또한, 독과점 기업의 시장지배력을 이용한 횡포 역시 기업의 불공정 행위를 감시하거나 소비자 권익을 보호하기 위한 시민들의 자발적인 모금이나 기부 등을 통한 시민운동으로 어느 정도 개선시킬 수 있습니다.

그렇다면, 정부실패를 최소화하려면 어떤 노력을 해야 할까요? 자유시장의 경제실패를 교정하려는 정부의 경제실패에서 회복하려면 어떤 방안이 필요할지 생각해봅시다.

첫째, 정부는 불필요한 규제를 완화하거나 철폐할 필요가 있습니다. 정부의 실패를 줄이고 경제 자율도를 높이기 위해 정부는 각종 제도를 개선하여 민간의 자율적 경제활동을 위축내지 제약하는 불필요한 규제를 과감히 완화내지 철폐할 필요가 있습니다.

둘째, 정부의 정책결정 과정을 모든 사람들이 이해하고 인지하도록 자세하게 밝혀야 합니다. 사람들의 합리적 기대로 정책의 성과가 무력해지더라도 정책의 결정과정이 투명해야 정부실패를 줄일 수 있습니다.

셋째, 거대한 정부부문의 운영에도 민간처럼 경쟁원리와 적절한 유인체계를 도입하여 비효율성을 개선해야 합니다. 정부조직이 효율적일수록 정부실패가 줄어듭니다.

넷째, 입법부와 감사원 그리고 시민단체(순수한 민간조직, 비정부기구) 등에 의한 예산감시 활동도 정부실패를 줄여줄 수 있습니다. 이와 함께, 정부가 경제적으로 수행하는 정책, 예산, 기구 등에 대한 국민들의 언론을 통한 감시와 비판 기능을 강화해야 할 것입니다.

4장

세계경제에서 부자가 되는 방법

자유주의 세계화

자유의 세계화는 국가들이 성장을 위해 국제경제에 묶여질수록 계속 중요해지고 있습니다. 국제무역과 국제금융의 확대 및 기술과 정보지식 전파 등을 통해 각국은 이전보다 상호 간에 더 연계되어 있기 때문입니다.

경제적 측면에서 세계화란 상품과 서비스, 자본, 기술 및 정보지식의 자유로운 국제 이동이 증대되는 것을 의미합니다. 간단히 말하면, 전 세계가 하나의 단일 시장이 되어 국제거래가 증가하는 것이지요. 이때, 국경을 넘어 교환되는 국제거래는 각 나라의 자연환경과 부존자원의 차이, 생산기술 수준의 차이와 가격과 질적 차이, 선호도와 수요의 차이 등에 의해 발생합니다. 국제거래를 통해 자국 내 자원의 부족과 기술 제약의 문제를 해결할 수 있는 것처럼 국제경쟁을 통해 경제의 효율성을 향상시킵니다. 국내기업들은 생산성 증가로 성장하고, 국민들은 다양한 재화의 선택 기회와 풍요로움을 얻어 삶의 질이 높아집니다.

그러나 외국에 비해 경쟁력이 뒤떨어지는 한국의 일부 농산물 같은 산업은 기반이 악화될 수 있습니다. 즉, 외국경제가 국내 경제에 미치는 영향력이 점차 확대되고 국가들 간의 상호의존성이 커지면서, 개별국의 경제주권이 축소, 비교우위 특화생산 무역에 따른 산업기반의 잠식, 선진국과 개도국 간의 경제적 격차 심화, 가난한 개도국에서의 빈곤과 유아노동, 부유한 선진국에서 빈부격차 확대, 경쟁력 없는 기업의 퇴출과 실업 증가, 그밖에, 전통문화의 파괴, 물질 만능주의에 따른 경제적 약자의 소외감, 기후변화 같은 환경오염 등의 부작용도 나타납니다.

국제경제학에서 세계화라는 용어가 주목을 받게 된 것은 1980년대 중반부터인데, 세계화 현상으로 인해 여러 나라들 간의 경제, 정치, 생활방식과 문화의 상호 관련성이 더욱 증대되었습니다. 국제경제학은 국가들이 재화와 서비스의 무역, 화폐·자본의 이동과 투자를 통하여 어떻게 상호 작용하는가에 관한 학문입니다.

세계화는 반복적인 현상으로서 10~20년에 걸쳐 진행되고 있습니다. 19세기 이후 현재까지 경험한 세계화의 큰 파도를 다음의 세 가지로 구분해볼 수 있습니다.

1차 세계화는 산업혁명을 성공한 영국 주도의 19세기의 세계화

과정입니다. 자원이 풍부한 북미, 남미, 호주와 뉴질랜드, 남아프리카의 새로운 정착지역에 유럽 선진국의 이주자 및 제조품이 유입되어 투자 및 생산이 증가하였습니다. 그 대가로서 생활과 산업을 위해 필요한 식량과 원자재가 유럽으로 이동하였습니다. 이러한 과정에서 자유무역이 증대되고 산업 자본주의가 정착하였습니다. 환율은 금본위 고정환율제도에 의해 결정되었습니다. 금본위제도 하에서 각국 통화는 금의 중량을 기준으로 그 가치가 정해져있으므로 통화 간의 교환비율인 환율은 금을 통하여 고정되고 금의 국제수지를 통해 결정되었습니다.

2차 세계화는 2차 세계대전 이후 미국이 주도한 세계화 과정입니다. 대공황을 겪었고 금의 공급제한으로 금본위제도가 붕괴되고, 세계대전 동안 고립주의와 민족주의로 강화되었던 보호주의가 해체되었습니다. 장기간 심각한 경제침체로 시장질서가 제대로 작동하지 못하자 정부가 시장질서를 개선해주는 케인즈의 경제학이 태동해 혼합경제에서 큰 역할을 다해오고 있습니다. 대외적으로는 보호무역의 해체로 자유무역이 다시 크게 증가하였고, 선진국 간의 자본이동이 확대되었습니다. 1970년대부터는 개도국의 자본자유화로 선진국의 자본이 개도국으로 많이 유입되었습니다.

달리 말하면, 세계경제에서는 1950년대부터 생산, 국제무역 및 해외투자가 상당히 증가해왔습니다. 무역과 금융의 흐름이 생산보다 더 빠른 속도로 증가하면서 세계 GDP 대비 무역과 금융의 비율은 꾸준히 증가하였습니다. 특히, 2차 세계대전 이후에 설립된 국제통화기금, 세계은행, 세계무역기구로 이름을 바꾼 GATT(관세와무역에관한 일반협정) 같은 국제기구가 국제거래에서 통용될 수 있는 공동의 규범을 추진하면서 자유주의 세계화를 통해 국제무역과 국제금융의 확대 추세를 촉진시켰습니다.

3차 세계화는 1980년대 이후 현재까지의 세계화 과정입니다. 엄밀하게, 2010년도 글로벌 금융위기까지 3차 세계화가 진행되어오다가, 금융위기 이후 자국 우선주의에 따른 보호주의 재편 등으로 자유주의 세계화가 지금은 다소 위축된 상태입니다.

최근의 3차 세계화는 정보통신기술과 운송수단의 획기적인 발전과 함께 대부분의 국가들이 참여한 광범위하고 심도 깊은 혁명입니다. 운송비용과 통신비용이 감소되고 관세가 낮아져서 거래비용이 축소됨에 따라 국제거래가 대폭 증가하였습니다. 즉, 세계화의 기저 사상으로 작용하는 신자유주의 추세 하에서 자유무역 및 해외직접투자가 크게 증가하였고, 미국 달러화 중심의 국제유동성 자본이 대규모로 이동하고 있으며, 변동환율제도가 지배적입니다. 1990년대 이후 민영화와 규제완화 등으로 해외직접투자가 크게 늘면서 다국적기업이 국제비즈니스 확대로 급성장하였고, 한국, 중국 등 신흥개도국도 크게 성장했습니다. 세계경제는 전반적으로 상당한 성장을 달성하였습니다.

경제적 자유주의 측면에서 세계화를 정리하면, 세계화란 부족한 자원을 가지고 효율적으로 생산하기 위한 국제거래의 활성화입니다. 신고전학파 자유주의 경제학자가 강조하는 세계화란 자유로운 국제무역과 국제금융으로서, 그 특징은 규제완화, 민영화, 다국적 생산기업·금융기관 등을 통한 경제의 성장입니다.

예컨대 다국적기업의 활동이 늘어나서 시장이나 민간 기업이 각국의 식량, 교육, 의료, 상하수도, 전력, 교통, 통신 등의 세금수입으로 운영되던 공적서비스 영역까지 장악해가면서 세계 곳곳에서 부정적인 파열음이 확대되었습니다. 다국적기업의 이윤을 위해 인간의 복지와 환경을 희생시킨다고 주장하는 반세계화 운동이 일어나기도 합니다.

무엇보다 세계화로 인한 거래비용의 감소는 국제거래를 촉진시킬 뿐만 아니라 국가 간 가격과 실질임금의 수렴화를 촉진시켰습니다. 예를 들어, 미국 시카고와 영국 리버풀 간의 곡물 가격의 차이는 1870년도에 60%였지만 1912년에는 15%로 떨어졌습니다. 세계가 하나의 시장으로 단일화 됨에 따라 각국의 상품가격과 금융자산 가격 및 임금 수준이 비슷해진다는 말입니다.

이는 세계화 과정에서 국제 상품시장의 균형, 국제금융 자산시장의 균형 그리고 국제 노동시장의 균형이 달성되기 쉬워짐을 시사한다고 볼 수 있습니다. 경제가 균형을 달성할 때 욕구에 비해 희소한 자원의 배분이 경제 전반에서 효율성을 달성하면서 후생증대와 경제성장이 용이해집니다. 세계경제도 이와 마찬가지입니다.

국내외 각종 시장들이 수요와 공급에 따라 균형을 달성함에 시장

간 차익거래를 통한 평가의 균형을 덧붙이면요.

구매력평가란 어떤 상품의 가격은 세계 어디에서나 똑같아야 한다는 법칙으로 국제상품시장의 균형을 나타내줍니다. 지역이나 시장에 따라 물건의 가격이 다르다면 싼 곳에서 사서 비싼 곳에다 내다 팔아 이윤을 올리는 차익거래가 발생함에 따라 결국 싼 곳은 수요증가로 가격이 오르고 비싼 곳은 공급증가로 가격이 내리면서, 가격이 똑같아지는 균형을 다시 이루게 됩니다. 자유무역으로 국제상품시장에서 완벽한 차익거래가 가능하다면 일물일가처럼 물건 가격은 동일한 통화로 환산했을 때 서로 같아져야 한다는 말입니다.

반면, 이자율평가란 예금 같은 금융자산의 수익률은 세계 어디에서나 동일해야 한다는 법칙으로서 국제금융자산시장 혹은 외환시장의 균형을 나타냅니다. 시장에 따라 이자율이 다르면 차익거래가 발생하고 그 결과 균형을 이루게 됩니다. 자유로운 자본이동에서 수익률을 동일한 통화로 환산했을 때 서로 같다는 말입니다. 단, 외국자산의 보유에 따른 환율변동위험은 선물환계약을 통해 헤징할 수 있고 안할 수도 있습니다.

국제무역의 열매 맺기 - 무역의 이익과 형태

사람들은 무역이 이득을 가져다준다는 사실을 알고 있습니다. 교환을 통해 거래 참가자가 모두 이득을 얻는 것처럼 무역을 통해 당사자 국가 및 사람들이 모두 이익을 얻는다는 점이 가장 중요합니다. 세계무역의 전반적 현황 및 특징에 대해 간단히 검토해보면요.

첫째, 국가 간에 무역을 할 때 누구와 어느 정도 수출입을 하는지 살펴보겠습니다. 무역에서는 경제규모 및 무역 장애물(거리, 국경, 무역장벽 등)에 따라 교역국 형태가 결정됩니다.

미국은 경제규모가 2023년 예측치 기준으로 약 25조 달러로서 한국의 약 1.7조 달러보다 15배 가량 크고 자원의 다양성으로 인해 다른 나라보다 무역에 덜 의존합니다. 그런데 미국은 멕시코, 캐나다, 중국, 일본, 독일, 한국, 영국, 프랑스 등 15대 교역국가 중에서 독일, 영국, 프랑스 같은 유럽 3대 경제대국과 더 많은 무역을 하고 있습니다. 왜냐하면 경제규모가 클수록 수출입이 많아지기 때문입니다. 또한 미국은 15대 교역국 중에서 이웃한 멕시코와 캐나다와 더 많은 무역을 하고 있습니다. 왜냐하면 거래비용이 낮을수록 수출입이 많아지기 때문입니다.

한국은 경제규모(GDP)대비 무역의 비중이 미국보다 훨씬 큽니다. 경제규모가 크거나 이웃한 중국, 일본, 미국이 3대 교역국가입니다. 최근에는 베트남에 수출이 크게 증가하였습니다.

둘째, 국가 간에 무역을 할 때 무엇을 수출입 하는지에 대해 살펴보겠습니다. 현재는 공산품 교역이 많지만 향후 서비스 교역이 점차 증가할 것으로 예상됩니다.

세계무역에서 자동차, 컴퓨터, 의류 등의 공산품이 약 70%를 차지하고 있습니다. 과거에는 농산품과 광물 같은 1차산업 상품이 세계무역에서 중요한 역할을 했지만 현재는 공산품이 세계의 수출입을 지배합니다. 여전히 농산물과 광물제품도 무역의 상당한 부분을 차지하고는 있습니다. 예컨대 미국 등 선진국 및 중국 등 개도국에서 공산품 수출을 많이 하고 있습니다.

산업 국가들에서는 서비스 부문이 공산품보다 더 커지고 있듯이, 정보기술과 운송의 발달과 함께 교육, 관광, 금융과 보험, 법, 운송, 의료, 정보기술, 컨설팅 등의 서비스 무역이 중요해지고 있습니다.

예를 들어, 버라이즌의 해외콜센터, 구글 인터넷 검색 등처럼 현재는 많은 서비스가 멀리 떨어진 나라에서 서비스 무역 형태로 제공될 수 있습니다. 국내에서 제공되던 서비스가 해외로 이동되는 경우를 서비스의 오프쇼링이나 아웃소싱이라고 부릅니다. 그러나 여전히 다양한 서비스 작업은 고객들과 가까운 주변에서 이루어지고 있습니다.

다음은 국제무역의 이득과 형태가 어떻게 발생하는지, 즉 무역이익과 무역패턴이 어떤 방식으로 이루어지는지에 대해 살펴보겠습니다. 한 국가의 무역이익 및 수출입 형태를 설명하려는 것은 무역의 효과를 논의하거나 무역정책을 바꾸라고 권고할 때에 필요합니다.

첫째, 국가 간에 재화와 서비스의 자유무역을 하면, 교역국 및 세계경제는 이득을 얻습니다. 사람들은 이익이 있을 때 자발적으로 거래하고 시장이 확대되기 때문입니다. 요즈음 한국은 생산하기 힘든 고등어나 연어를 노르웨이에서 수입, 즉 노르웨이는 주변에 많은 고등어와 연어를 한국에 수출합니다. 또한, 한국은 영국에서 골뱅이를 수입하고 영국 사람들은 골뱅이를 안 먹어서 수출하니 영국 어부들이 한국을 좋아합니다.

둘째, 국가 간 생산능력의 비교우위에 따라 무역을 하면, 모든 상품 생산에서 가장 효율적인 국가와 가장 비효율적인 국가도 모두 이득을 얻을 수 있습니다. 즉, 자원 배분이 효율적 국가이든 비효율적 국가는 서로 상대적으로 생산성이 높은 상품에 전문화 생산하여 소비하고 나머지는 수출하고 반면 생산성이 낮아 비용이 많이 드는 상품은 적게 생산하거나 생산하지 않고 수입해서 소비하기 때문에 모든 교역 국가가 이득을 얻는다는 말입니다.

또한, 국가 간의 노동 생산성의 차이로 무역패턴이 결정됩니다. 예컨대 생산성이 높은 한국과 일본은 자동차를 생산하여 수출하고, 최첨단 산업의 생산성이 높은 미국은 비행기를 수출합니다.

셋째, 국가 간 부존자원 풍부도의 차이에 따른 무역을 하면, 모든 교역국이 무역이득을 얻습니다. 즉, 각 나라가 상대적으로 풍부한 자원을 사용해 특화 생산한 상품을 소비 및 수출하고, 상대적으로 부족한 자원으로 생산된 상품은 수입해 소비함으로써 양국이 모두 이득을 본다는 것입니다.

또한, 국가 간의 기후와 자원 조건의 차이로 무역패턴이 결정됩니다. 즉, 자본이 풍부한 선진국은 자본재를 더 많이 생산하여 수출하고, 노동이 풍부한 개도국은 노동집약재를 더 많이 생산해 수출하는 경향이 있습니다. 예컨대 커피농사를 많이 하는 브라질은 커피를 수출하고, 석유자원을 보유한 사우디아라비아는 석유를 수출합니다.

넷째, 국가 간 노동과 자본 같은 생산요소의 자유무역을 하면, 무역이득을 얻을 수 있습니다. 국제 노동이주 및 국제 차입과 대여를 통해 후생이 증대된다는 것입니다. 노동과 자본이 한계생산이 낮은 국가에서 높은 국가로 이동할 때, 예컨대 노동은 노동이 풍부한 개도국에서 선진국으로, 자본은 자본이 풍부한 선진국에서 개도국으로 이동할 때, 유입국가와 유출국가 및 세계경제는 모두 이익을 얻게 됩니다.

왜냐하면, 노동과 자본의 유입은 유입국가에서 지급받은 보수에 비해 더 많은 GDP를 창출하므로 유입국가에 이득이 됩니다. 반면 노동과 자본의 유출은 유입국가에서 받은 그 보수가 유출국가의 복지에 포함된다면 유출국가에도 이득이 됩니다. 이로써 세계경제가 이득을 얻습니다.

다섯째, 규모의 경제(규모에 대한 수확체증)를 달성하기 위해 무역을 하면, 무역이득을 얻을 수 있습니다. 해외시장을 개척하여 더 많이 생산해서 수출을 하게 되면 대량 생산 및 판매가 가능해짐에 따라 생산비용이 낮아지면서 무역이익이 더욱 많아질 수 있습니다. 생산성과 생산요소 부존도가 동일한 국가들 사이에서도 규모의 경제에 의해 무역이 발생할 수 있다는 것입니다.

여섯째, 동일한 종류의 상품이더라도 규모의 경제뿐 아니라 소비자의 다양한 기호가 수요를 지배하므로 디자인과 브랜드 등으로 차별화된 상품을 생산하여 수출하고 수입하여 소비하면, 무역이득을 얻습니다. 이러한 산업내 무역은 상품의 차별화에 따라 동일한 산업 내에서 수출과 수입이 동시에 이루어지는 현상입니다.

그밖에 기업들은 지적재산권 소유, 연구개발 투자, 범위의 경제, 경험의 축적 등으로 경쟁하면서 산업내 무역을 하게 됩니다.

끝으로, 기업 간 생산능력의 비교우위에 따라 무역을 하면, 무역이득을 얻을 수가 있습니다. 특정 산업 내에는 생산성이 높거나 낮은 기업들이 공존하는데, 무역으로 수요의 가격탄력성이 높아지면 생산성이 낮은 기업들은 수익이 낮아져 시장을 떠남에 따라 산업의 평균 생산성이 높아집니다. 그 결과 생산성이 높은 기업은 이윤이 증가하고, 산업과 국가 모두 생산이 증가하게 됩니다.

그런데 수출이나 해외투자의 학습을 통해 기업의 생산능력은 상승할 수 있습니다. 수출과 해외투자의 학습 효과는 개별기업의 흡수 능력에 따라 달라지는데 기업의 연구개발 투자수준 및 전문인력 확보와 인적자원 개발 관리가 높을수록 기업의 학습 효과가 크게 나타날 것입니다.

국제무역이론의 변천 및 정책

세계무역이 더욱 복잡하고 이해하기 어려워짐에 따라 무역이론을 현실에 어떻게 적용해야 하는가? 라는 문제가 생깁니다. 결론적으로 말하면, 21세기 무역의 본질을 이해하는데 고전적 무역이론과 현대적 무역이론은 여전히 중요합니다. 국제무역의 근본적인 논리는 동일하다는 말입니다. 따라서 국제무역의 발전과정에서 중요한 무역이론을 순차적으로 소개하면서 무역이 시대 상황에 따라 어떻게 보완 및 발전해왔는지를 이해해봅니다.

먼저, 중상주의는 15-18세기 유럽을 지배했던 무역이론입니다. 무역수지의 흑자 혹은 수출을 국가의 최우선 이익으로 봅니다. 그 결과 각 나라에서 수출은 많이 하고 수입은 제한하는 보호무역이 심화됨에 따라 세계무역은 축소되고 장기적으로 어떤 나라도 무역수지의 흑자를 지속하지 못하게 되었습니다. 이에 따라, 수출증대와 수입억제를 통한 국부 증대를 도모하는 중상주의를 비판하면서 자유무역주의가 산업혁명을 계기로 영국을 중심으로 한 서구에서 등장했습니다.

근대 18-19세기부터 시작된 고전적 1세대 무역이론은 국가 간에 산업간 무역과 동질적 재화를 자유무역 하는 세상을 설명하고 있습니다. 총공급 측면에서 노동과 자본 같은 생산요소가 투입된 생산에 초점을 두고 있습니다. 생산은 규모의 수확불변이고 기업을 블랙박스(기능은 알지만 작동 원리를 이해할 수 없는 복잡한 기계장치)로 취급해 언급하지 않습니다. 각 산업은 상품이 동일한 완전경쟁시장으로 봅니다.

이에 따라, 국가 간에 리카도 모형은 노동 생산성이, 헥셔-올린 모형은 보유 자원이 다르기 때문에 각국이 보유한 생산성이나 부존 자원의 비교우위에 따라 특화시켜 생산하여 자유무역을 하면 교역 국가 및 세계경제가 후생이 증대되는 무역 이익을 얻게 된다는 것입니다.

고전적 자유주의와 현대의 신자유주의는 비교우위에 의한 자유무역의 확대가 생산의 증가 및 후생 증대로 이어진다는 자유무역정책을 주장합니다.

1970년대 후반에 등장한 현대의 2세대 무역이론은 국가 간에 산업내 무역과 차별화 상품이 수출입 되는 불완전경쟁 현상을 설명하는 신무역이론입니다. 당시 1970-80년대의 시장구조는 1세대 무역모형의 설명(선진국은 제조업을, 개도국은 1차산업에 특화 생산하여 산업간 무역)과 달리, 규모의 경제와 외부효과가 존재하는 독과점 시장에서 산업내 무역이 활발했습니다.

예컨대 반도체, 자동차, 전자, 철강 등의 산업은 대규모 고정투자와 생산이 가능한 대기업이 규모의 경제(규모의 수확체증)를 실현해 이익을 얻는바, 각국이 동일한 제조업에 특화한 후에 차별화 상품을 교역하는 산업내 무역이 일반화되었습니다.

국가 간의 기술차이는 고려했지만 동일 산업내 이질적 상품을 생산하는 기업들의 생산성(생산기술)은 동질적이라고 봅니다. 이에 따라, 비슷한 국가 간에도 산업별로 고정비용 및 규모의 경제가 존재하기 때문에 각국이 차별화된 상품에 대해 독점지배력을 가지고 특화 생산해 무역을 하면, 시장규모의 확대에 따른 규모의 경제로 평균생산비용이 감소해 판매가격이 하락되며 이질적 상품의 교역으로 상품의 다양성도 증가합니다. 그 결과 교역국과 세계경제가 후생이 증대되는 무역 이익을 얻게 된다는 것입니다.

과점시장에서는 무역정책을 통해 자국 기업과 외국 기업의 전략적 선택을 변경시킴으로써 국내 기업의 초과이윤을 높일 수 있다는 인식이 확산됨에 따라 전략적 무역정책이 만들어졌습니다. 국내 기업에 대한 수입보호와 보조금 정책을 펼쳐서 국내외 기업들의 전략적 행동(상호의존적 선택 행위)을 변경함으로써 외국 기업의 생산량과 초과이윤을 희생시켜 자국 기업의 생산량과 초과이윤을 늘리는 특징을 보입니다. 전략적 무역정책은 자국 산업의 경쟁력을 높이기 위해 보호무역과 정부 개입의 정당성을 주장한 근린궁핍화정책입니다. 외국 기업을 희생시켜 자국 기업을 돕기 때문에 이는 외국의 보복을 초래하게 됩니다.

3세대 무역이론으로 불리기도 하는 2000년 초반에 등장한 이질적 기업 무역이론은 산업내 기업들 간의 생산기술 비대칭성, 즉 기업별로 생산성이 차이가 나는 현상을 도입하였습니다. 특정 산업에서 기업들의 생산능력은 상이한데 수출기업의 생산성이 비수출 국내기업에 비해 노동 생산성이 더 높습니다. 자기 선택으로서 초기에 생산성이 높은 기업들이 수출에 따른 매몰 고정비용을 감당하므로 수출로 외국시장에 진출합니다.

장기적으로는, 무역을 통해 수요의 가격탄력성이 높아지면 생산성이 낮은 기업들은 수익이 낮아져 시장에서 퇴장함에 따라 산업의 평균생산성이 높아집니다. 그 결과로 생산성이 높은 기업은 이윤이 증가하고, 산업과 국가 모두 생산이 증가합니다.

특히, 무역자유화 정책을 통해 수출시장 진입의 컷오프 수준이 낮아지면, 기업들은 더 많은 수출을 할 수 있고, 생산적인 기업들의 시장점유율이 더 높아지므로 한 나라의 전체의 생산성과 생산도 증가하게 됩니다.

국제무역은 여러 방식으로 국가에 전반적인 이득을 가져다줍니다만, 특정 집단에 대한 소득분배에 손해를 입힐 수가 있습니다. 한국의 일부 농산물 시장처럼 수입을 많이 하는 수입경쟁 국내산업의 경우 국내 생산을 많이 못하고 판매이득도 낮아지므로 이 산업에 생산자원을 공급하거나 종사하는 사람들은 피해를 봅니다. 다시 말해, 생산성이 낮은 산업과 생산성이 낮은 기업들은 무역으로 인해 시장에서 퇴출되거나 축소될 수 있으므로 종사자들은 손해를 볼 것입니다.

더 나아가, 생산성이 높은 기업은 수출을 통해 해외시장에 진입하는데 수출기업보다 생산성이 더 높은 기업은 해외직접투자를 선택하여 다국적 생산활동이나 글로벌 비즈니스를 합니다. 다국적기업의 글로벌 비즈니스 활동구조가 해외직접투자이론인데요. 수평적 해외직접투자는 최종재를 생산하여 외국에 수출할 때 직면하는 무역장벽을 회피하려는 해외투자를 말합니다. 반면, 수직적 해외직접투자는 여러 국가들에 걸쳐서 최종재와 중간재를 생산하는 글로벌 생산 분할을 위한 해외투자를 말합니다.

한편, 수출이나 투자로 해외시장에 진출한 기업들은 혁신에 대한 기대수익이 높아짐에 따라 생산성을 높여줄 연구개발에 더 많은 투자를 하게 됩니다. 그밖에, 학습효과로서 외국시장에 진출하면 선진 기술 등의 학습을 통해 기업의 생산성이 향상될 수 있습니다. 예컨대 더 나은 기술을 채택해 경쟁력을 높이거나, 숙련노동자를 고용해 제품 질을 높이던지, 다양한 상품을 생산하는 기업의 내부적 조정 등처럼 무역과 다국적 생산에 따른 학습을 통해 기업은 생산성이 향상된다는 것이지요.

자유무역의 기조 하에서, 20세기 초반에 영국보다 뒤떨어진 미국과 독일에서는 자국 산업을 보호할 목적으로 보호무역주의를 도입하였습니다. 그러다가 제 2차 세계대전 종전 후부터 무역의 활성화를 위하여 현재 세계무역기구(WTO)의 전신인 관세와 무역에 관한 일반협정(GATT)을 중심으로 관세장벽 철폐를 통한 자유무역이 추진되었습니다.

1970년대에는 석유 중심의 산업에서 산유국들의 생산 감축에 따른 석유가격 급등으로 인해 스태그플레이션(물가가 급증해 수요가 위축되고 경기침체로 실업 증가)이 만연했습니다. 이때 자국 산업을 보호하고 일자리를 늘리기 위해 비관세장벽 등을 이용한 신보호무역정책이 등장하게 되었습니다. GATT에 의한 무역협정에 따라 관세 부과라는 직접적인 수입규제를 할 수 없게 되자, 수입수량할당 같은 비관세장벽을 이용한 수입규제가 등장했습니다. 그러다가 1980년대 이후 신자유주의에 따른 자유무역이 크게 확대되어 왔습니다. 최근 들어, 자국 우선주의, 코로나 감염병 팬데믹 등으로 보호무역주의가 다시 나타났습니다.

그런데 두 나라 혹은 그 이상의 국가들이 보호무역에 따른 손해를 회피하고자 자유무역을 추구할 때 국제협정이 필요해집니다. 자유무역 국제협정이란 국가 간에 수입관세나 수입할당의 부과 같은 보호무역의 장벽을 낮추기로 합의한 조약을 말합니다. 다자간 무역협정과 지역무역협정으로 나눌 수 있습니다.

다자간 무역협정이란 WTO체제 하에서 수많은 모든 회원국들 사이의 관세 하락이나 철폐 등을 협의하는 자유무역 협정을 말합니다. 모든 회원국에게 차별 없이 대우하자는 최혜국대우 원칙에 따라 여러 국가들 간에 협상한 결과로 낮아진 관세는 회원국에게 동일하게 적용됩니다. 현재, 지구상의 거의 모든 국가가 WTO에 가입되어 있습니다. 그러나 범세계적 노력에도 불구하고 각국의 이해관계가 복잡하게 얽혀 있어 아직까지 WTO 체제가 충분히 작동되지 못하고 있습니다.

WTO체제의 다자간 자유무역이 국가나 지역별 특성을 잘 반영하지 못하자 각 지역 내에서 혹은 몇몇 국가들끼리 자유무역을 추구하는 자유무역협정이 확대되어 왔습니다. 지역별 자유무역협정이나 경제통합(유럽연합, 북미자유무역협정, 남미공동시장 등)을 비롯해 2국간의 자유무역협정(한-칠레 FTA, 한-미 FTA 등)이 증가해왔습니다. 예를 들면, 1995년에 지역과 2국간 자유무역협정이 176개였으나 2011년에는 310개가 넘었습니다. 한국은 안정적 해외시장을 확보하고 경제의 경쟁력을 강화하기 위해 FTA를 적극 추진한 결과, 2012년 12월 기준 칠레, 싱가포르, ASEAN, 인도, EU, 페루, 미국 등 45개국과의 자유무역협정이 발효되었습니다.

점차, 다자간 무역협정과 지역이나 2국간 무역협정은 넓은 범위의 이슈를 다루고 있는데요. WTO는 새로운 협정의제(뉴 라운드)로서 노동자의 권리를 다루는 노동협정, 기후변화와 환경오염을 다루는 환경협정, 공정무역 등을 제기했고, 북미자유무역협정(NAFTA)도 미국, 캐나다, 멕시코 간의 부가적 협정으로 노동과 환경을 다루고 있습니다.

국제무역의 열매 맺기 - 다국적 생산과 글로벌 가치사슬

세계경제는 코로나 19 감염병 이전까지 경제구조 변화의 원인인 글로벌 가치사슬을 통해 전 세계 지역, 국가, 산업, 기업 차원에서 보다 긴밀하게 통합되어 서로 의존적으로 변화하였습니다. 글로벌 가치사슬이란 전 세계에 걸쳐 생산의 부가가치가 만들어지는 사슬입니다. 기업들이 운송 및 정보통신 기술의 발전을 이용하여 글로벌 가치사슬을 통해 해외직접투자, 아웃소싱(외국에서 구매), 오프쇼링(해외에서 생산)을 통합하는 다국적 생산을 함으로써 국제무역이 크게 증가하였습니다.

구체적으로 말하면, 많은 기업들은 아웃소싱이나 오프쇼링을 선택하면서 국제 비즈니스를 수행합니다. 해외에서 중간재를 아웃소

싱하거나 조립생산을 위한 오프쇼링은 별도의 독립적 외국기업과 계약을 맺어서 많이 이행하고, 해외 자회사를 설립해 이용하기도 합니다.

특히, 글로벌 가치사슬을 통한 다국적 생산은 전 세계 지역(생산입지) 간의 생산비용의 차이를 이용해 생산비용을 절감하기 위해 수행합니다. 지리적 입지 동기뿐만 아니라, 내부화 동기에 따라 기업이 시장기능을 대신하여 거래를 해외 자회사나 별개의 외국기업과 내부적 거래화하면 기술이전의 용이성과 생산 공정의 수직적 통합에 따른 편리성 이득도 얻을 수 있습니다.

이에 따라, 국제무역은 전통적인 재화와 서비스의 수출입뿐 아니라 다국적 생산(해외조달과 해외생산)을 활용함에 따라 중간재 무역, 기업내 무역, 서비스 무역 등 국제 가치사슬 무역이 증가하고 있습니다. 국제 교역량과 상품의 범위도 크게 확대되고 있습니다. 아울러 국가 간의 상호 의존성이 심화되면서 경쟁과 협력이 증대되는 양상입니다.

달리 말하면, 세계 각지에 자회사, 공장 등을 확보하고 국제 생산, 유통, 판매를 담당하는 다국적기업은 글로벌 차원의 핵심 역량에 집중하면서 경영의 효율을 추구하고 있습니다. 국제 무역-투자-서비스가 결합된 결과로서 경영, 기술, 시장 등에 대한 지식과 경험이 공유된 세계무역에서 두드러진 특징은 수직적 특화분업 확대에 따른 글로벌 차원의 가치사슬이 확산되고 있다는 점입니다.

과거에 무역은 소비를 주목적으로 최종재 상품을 교환하는 것입니다. 한 국가에서 생산된 완성품은 외국 소비자들에게 국경을 넘어 전달되었습니다. 이는 한 나라의 초과공급과 초과수요가 무역을 통해 해결됨으로써 생산과 소비의 공간적 분리를 보여주고 있습니다. 그렇지만 소비를 목적으로 한 최종재의 무역은 이제 일부분을 차지합니다.

그래서 무역의 주목적이 소비뿐만이 아니라 국제 생산과정에 참여하는 것입니다. 세계화로 세계시장이 통합됨에 따라 생산과정의 수직적 분해가 이루어졌기 때문입니다. 제조과정에서 여러 국가들이 참여하여 중간재와 자본재 부품 공급, 조립 생산, 판매 등을 담당합니다.

예컨대, 정보통신기술이 발전하여 의사소통비용, 운송비용 등이 절감됨에 따라 선진국들은 디자인, 설계, 연구개발, 마케팅, 판매 등 서비스 관련 직무를 맡고, 개도국들은 중간재 부품 조달, 제품 조립 등 제조 관련 직무를 맡는 역할 분담이 이루어지고 있습니다. 제조과정에 참여하는 국가들은 원활한 중간재 교역을 위해 지리적으로 밀집해 있곤 합니다.

미국 애플사의 아이폰은 캘리포니아 애플 본사에서 설계와 디자인되어 중국의 폭스콘 공장에서 조립 완성되어 여러 국가에서 판매됩니다. 이처럼 다국적기업들이 해외시장 개척, 생산비용 절감, 중간재 확보 등을 위해 생산의 국제 분절화를 주도했다고 볼 수 있습니다.

이와 같이, 기업이 어떤 제품을 만들 때 연구개발, 기획, 부품조달, 생산, 조립, 가공, 유통, 판매, 사후관리에 이르기까지의 전 과정에서 부가가치를 창출하는 일련의 과정을 가치사슬이라고 합니다. 생산망의 가치사슬 활동이 여러 국가 및 지역에 걸쳐 형성된 국제적 분업 체계를 글로벌 가치사슬이라고 합니다.

글로벌 가치사슬의 단계에 따라 창출되는 부가가치가 달라지는데 업스트림이나 다운스트림 산업의 양 극단으로 갈수록 부가가치가 높습니다. 어떤 제품의 기획, 디자인, 중간재(부품과 원자재) 조달 등 가치사슬의 전반부를 차지하는 산업이 업스트림 산업인 반면 조립과 가공, 물류, 마케팅 등 가치사슬 후반부를 차지하는 산업을 다운스트림 산업이라고 합니다. 그래서 기획과 디자인, 중간재 공급, 마케팅 등이 부가가치가 더 높은 부문에 해당됩니다.

또한, 생산공정의 특정한 작업이나 경영활동을 전문화시키기 위해 글로벌 가치사슬에 참여하는 방향에 따라 전방참여와 후방참여로 구분해볼 수 있습니다. 전방참여란 국내에서 중간재를 생산해 해외생산을 위해 수출하는 것을 말합니다. 후방참여란 외국에서 생산된 중간재를 수입하여 국내에서 생산하는 것을 말합니다.

한국은 후방참여로서 천연자원이 없어서 외국에서 중간재를 수입해 국내에서 가공 생산하여 수출하면서 경제를 성장시켰습니다. 최근에는 전방참여로서 삼성전자, SK하이닉스 등이 있는 반도체 강국으로서 중간재를 수출하면서 경제성장에 기여하고 있습니다. 참고로 반도체 소재 중간재는 일본이 장악하고 있습니다.

세계경제에서는 글로벌 가치사슬을 통한 다국적 생산이 국제무역을 크게 증가시켰습니다. 국제무역에서 글로벌 가치사슬이 어떤 경제적 역할을 하는지를 정리해보면요.

첫째, 글로벌 가치사슬은 원료나 부품 같은 중간재의 교역을 증가시키기 때문에 무역규모를 확대시켜줍니다. 즉, 기업들이 여러 국가에 걸쳐 원자재 등 중간재를 조달하여 생산하는 과정에서 수출입이 발생하기 때문에 완성된 최종재만 수출입하는 것보다 교역규모가 확대된다는 말입니다.

둘째, 글로벌 가치사슬을 통한 무역과 글로벌 가치사슬에 참여도는 양의 관계입니다. 예를 들면, 1991년에서 2015년 동안의 상관계수가 0.84로서 높은 상관관계를 보이고 있습니다. 즉, 글로벌 가치사슬 무역이 증가함에 따라 글로벌 가치사슬 참여도가 증가하며, 또, 글로벌 가치사슬 참여도가 증가함에 따라 글로벌 가치사슬을 통한 무역이 증가한다는 것입니다.

셋째, 글로벌 가치사슬은 무역을 증가시킬 뿐만 아니라 국가 간의 기술 전파를 통해 노동의 생산성을 높여줍니다. 예컨대 글로벌 가치사슬 활동 중에 시장 선도적인 기업들을 만나게 됨에 따라 신기술, 경영기법, 노하우가 국가 간에 전파됩니다. 세계은행의 2017년도 연구결과는 글로벌 가치사슬 참여가 10% 상승할 때 생산성이 1.7% 증가했습니다.

넷째, 글로벌 가치사슬은 일자리에 긍정적 혹은 부정적인 영향을 미칩니다. 고용 측면에서 글로벌 가치사슬의 영향은 긍정적 효과와 부정적인 효과가 함께 혼재하고 있습니다. 글로벌 가치사슬을 통한 무역이나 부가가치가 더 커지면 경영활동을 촉진시켜 고용을 창출 및 증가시킵니다. 반대로, 대외 경쟁력이 떨어지는 산업과 기업의 경우는 축소나 퇴장함으로써 고용이 감소할 것입니다.

다섯째, 상품에 대한 '원산지 국가 표시'라는 전통적인 개념을 더 이상 적용하기가 어렵습니다. 왜냐하면 가공단계가 적은 농수산물을 제외한 많은 제조업 상품들이 다양한 원산지의 중간재를 투입해 만들어지기 때문입니다.

그밖에, 다국적기업의 해외계열사는 현지 경제에서 중간재와 완성재를 구매 및 공급하면서 현지 기업들과의 협업이 증가하고 있습니다. 이러한 과정에서 해외계열사는 국내외 가치사슬을 연결해주는 역할을 다하고 있습니다.

여섯째, 기존의 무역통계를 가지고 세계무역을 측정하는 것은 한계에 봉착합니다. 글로벌 가치사슬을 통한 무역에서는 부가가치로 무역을 측정할 필요가 있습니다. OECD와 WTO 등은 새로운 부가가치 기준 무역통계를 작성하여 발표하고 있습니다.

다시 말해, 소비를 목적으로 최종재 상품을 교환했던 전통적인 무역구조에서는 완성된 제조품이 한번 국경을 넘으면 그것으로 끝입니다. 출발지 국가는 수출을 기록하고 도착지 국가는 수입을 기록합니다. 그래서 수출입 규모를 늘리는 것은 얼마나 많은 상품을 판매하느냐에 달려있습니다. 반면, 글로벌 가치사슬을 통한 생산 공유를 목적으로 완성품과 중간재를 교환하는 오늘날 무역구조에서는 각종 중간재가 여러 번 국경을 넘게 됩니다. 그러면 중간재를 더블 카운팅하는 문제가 발생하여 총수출과 총수입의 규모가 커지므로 수출의 부가가치와 수입의 부가가치를 기준으로 무역통계를 작성해야 합니다.

예를 들어, 애플사가 스마트폰을 디자인하고 설계한 뒤 제작하려 합니다. 상품 생산과정을 살펴보면, 일본이 수출한 기초소재는 한국에 들어와 반도체공정에 쓰이고, 반도체는 부품으로써 중국에 수출되고, 중국에서는 스마트 폰을 조립 생산하고, 스마트폰이 전 세계로 실려나가 판매되는 경우에, 생산과정에서 미국의 디자인과 설계는 일본, 한국, 중국 그리고 다시 외국처럼 국경을 4번 넘게 됩니다. 일본산 기초소재는 3번, 한국의 반도체는 2번, 중국의 스마트폰은 1번을 넘습니다.

끝으로, 코로나 19 감염병 재난 이후 위축된 글로벌 가치사슬과 다국적 생산의 경제구조에 대한 대응으로서, 세계경제가 국제무역의 활성화를 통해 함께 성장하기 위해서는 글로벌 가치사슬을 통한 다국적 생산을 증가시킬 정책적 방안이 강구되어야 할 것입니다.

국제금융 - 국제수지, 국제유동성, 국부

오늘날에는 세계경제가 마치 하나의 시장처럼 전 세계 사람들은 서로 모여 거래를 하면서 영향을 주고받고 있습니다. 국가 간에 국제무역이 계속 이루어지고 있고, 국가 간에 무역결제 금융 및 독립적인 국제금융도 지속적으로 이루어지고 있습니다. 국제금융이란 국가 간 대부와 차입을 말합니다.

국제금융시장은 크게 자본시장과 외환시장으로 나눌 수가 있습니다. 국제자본시장은 증권(주식과 채권) 등 금융상품의 거래가 국가 간에 이루어지는 시장입니다. 반면 외환시장은 달러 같은 외화와 외화표시 예금 등을 뜻하는 외환이 거래되는 시장입니다. 국제금융시장의 변화가 경제에 큰 영향을 미치는바, 자본시장에 결정되는 수익률(이자율)과 외환시장의 환율이 동시에 변동하면서 희소한 자원을 효율적으로 배분해줍니다.

국제금융시장에서는 미국의 증시 및 달러화가 사람들로부터 주목을 받습니다. 미국의 증권시장은 세계 최대 규모의 자금이 움직이는 곳이기 때문입니다. 2020년 6월말에는 약 7조 5천억 달러가 안전자산 선호 등의 이유로 미국 증권시장에 모였습니다. 그리고 달러화는 국제적으로 통용되는 국제통화로서 외환거래의 대다수를 차지하기 때문입니다. 2016년 4월에 하루 평균 외환거래액 5조 6백 7십억 달러 중에서 미국 달러화가 87.6%를 차지했습니다.

한편, 선진국이 상품과 서비스의 수출뿐 아니라 자본 수출로도 국부를 늘려왔듯이, 한국은 무역과 국제금융이 함께 돈을 벌어오는 경제로 진화하고 있습니다. 한국은 중국, 인도, 베트남 등에 공장을 가동하고, 해외의 주식과 채권, 부동산 등에 투자를 증가해온 결과, 2022년 말 기준 순대외금융자산(= 해외투자 금융자산 - 해외차입 금융부채)이 약 1,000조원에 달했습니다. 2022년도 GDP 2,162조원의 절반 가령됩니다. 세부적으로, 2022년도 주력 품목인 반도체와 자동차의 무역수지(= 수출-수입)는 각각 544억 달러와 387억 달러였고, 해외 투자자산이 벌어들인 투자소득수지는 238억 달러에 달했습니다.

그러면 한 나라의 국제수지를 통해 경상수지 불균형의 여부를 판단해보고 경상수지 불균형이 국제금융을 통해 어떻게 보존되는지 그리고 국부나 대외 부와 어떤 관계가 있는지를 살펴보겠습니다.

국제수지표에는 국제거래를 그 유형에 따라 경상계정과 자본·금융계정에 기록합니다.[3] 경상계정에는 주로 상품과 서비스의 국가 간 거래를 기록하여 경상수지를 나타냅니다. 생산요소의 국제거래 및 경상이전 국제거래도 기록합니다. 반면에 국제적 자산거래를 보여주는 자본·금융계정은 경상거래에 수반된 금융거래를 기록하거나 단독으로 대부와 차입에 따른 금융거래를 기록합니다.[4]

예를 들어, 한국 기업이 중국에 국산품을 수출하고 달러화 수출대금 1만 달러를 받은 경우, 수출이나 순수출이 1만 달러 증가하는 동시에 자본유출이나 순자본유출이 1만 달러 증가합니다. 왜냐하면 한국인 입장에서는 수출대금 1만 달러 현금은 그 자체로서 외국자산을 취득한 것이기 때문입니다. 또한 수출대금 1만 달러를 외화예금을 하거나 외화예금을 통해 받는 과정에서 그리고 이 돈으로 외국증권을 구입하면 역시 외국자산을 취득한 것이기 때문입니다.

---

[3] 국제수지표 작성에서 수많은 국제거래가 복식부기 원칙에 따라 각 계정에 기입됩니다. 계정의 대변에는 수출, 본원소득과 이전소득의 수취, 해외로 국내자산 매각(금융부채 증가) 등의 결과로서 외국통화의 국내공급을 야기하는 외환이 유입되는 거래를 양수(+)로 기록합니다. 반면 계정의 차변에는 수입, 본원소득과 이전소득의 지급, 외국 자산의 매입(금융자산 증가) 등의 결과로서 외국통화의 국내수요를 야기하는 외환이 유출되는 거래를 음수(−)로 기록합니다.
[4] 금융계정은 국제간 금융자산을 통한 자본이동을 측정함에 따라 금융수지는 자국의 대외자산 순증가(자본유출)에서 대외부채 순증가(자본유입)를 뺀 것입니다. 반면 자본계정은 규모가 그리 크지 않고 금융자산 이외의 나머지 자산의 이전을 측정하는데, 비생산 및 비금융자산(특허권, 저작권, 상표권, 프랜차이즈 등)의 획득과 처분 그리고 부채탕감용 자산의 증여 같은 자본이전의 거래를 기록합니다.

두 번째 사례로서, 한국 기업이 일본에서 상품을 수입하고 엔화로 수입대금 1만 엔을 지급한 경우, 수입이 1만 엔 증가해 순수출은 1만 엔 감소하는 동시에 자본유입으로 순자본유출이 1만 엔 감소합니다. 왜냐하면 은행에서 환전해 수입대금 1만 엔의 지급은 한국의 은행 입장에서는 내국인의 해외자산 구입액이 감소한 것이기 때문입니다.

세 번째 가능성은, 한국의 거주자가 1천 달러를 환전하여 외국에 관광을 가는 경우, 거주자의 해외관광은 수입으로 순수출은 1천 달러 감소할 것이며 동시에 이는 자산을 운용하는 은행의 입장에서는 내국인의 환전으로 해외자산 구입액이 감소해 자본유입으로 순자본유출이 1천 달러 감소합니다.

마지막 사례로, 한국 거주자가 1만 달러를 환전하여 해외자산을 구입하는 경우, 거주자의 환전은 해외자산 구입액이 감소해 순자본유출이 1만 달러 감소하는 동시에 해외자산 구입은 자본유출로 순자본유출이 1만 달러 증가함에 따라 전체 순자본유출은 변화가 없게 됩니다.

다음은 국민소득계정 항등식에서 국제수지 항등식을 도출해보면요. 경상(수지)계정에 자본(수지)계정을 합한 것은 금융(수지)계정과 동일해집니다. 결국, 국제수지 항등식에 따르면 경상수지 흑자는 금융수지의 자본유출(대외자산 증가)로, 경상수지 적자는 금융수지의 자본유입(대외부채 증가)로 이어집니다. 경상수지 흑자액만큼 외국에 대부를 해주므로 대외자산이 늘어나면서 외화가 유출되기 때문에 금융수지가 적자가 되고, 경상수지 적자액만큼 외국에서 차입하므로 대외부채가 늘어나거나 대외자산이 감소하면서 외화가 유입되기 때문에 금융수지는 흑자가 된다는 말입니다.

그래서 국제수지는 한 나라의 경상수지 불균형 여부를 판단하고 경상수지 불균형이 어떻게 보존되는가를 알려줍니다. 한국은 2019년에 경상수지가 59,971.2백만 달러의 흑자를 달성해 외국에 대부를 해주는 대외 채권국입니다.

한 나라의 국부 및 자국의 외국에 대한 대외 부를 살펴보면요, 국부란 국가의 경제력으로 총자산에서 총부채를 뺀 국민순자산으로 측정하며, 대외 부는 자국이 보유해 외국에 청구할 수 있는 자국보유 외국자산에서 외국보유 자국자산을 빼서 측정합니다. 한국은 국부가 2012년 말 기준으로 약 1경 60조원으로 국내총생산(GDP)의 8배 정도였고, 2019년 말에 대외자산(대외채권)이 약 9,476억 달러였고 대외부채(대외채무)가 약 4,670억 달러로서 순대외자산(대외부)은 약 4,806억 달러였습니다. 그런데 대외 부의 변화는 국제간 금융흐름을 나타내는 금융수지와 대외가치평가를 나타내는 대외자산의 자본이득에 의해 결정됩니다.

대외 부의 변화와 국제수지 항등식을 결합해보면, 즉 금융수지를 국제수지 항등식에 대입해보면, 대외 부의 변화는 경상수지, 자본수지, 대외자산 자본이득을 합한 것이 됩니다. 따라서 한 나라의 대외부는 경상수지의 흑자(소득이 지출보다 커서 외국에 대부), 해외 기부에 의한 자본수지의 흑자, 대외자산 자본이득의 발생(자산가격과 환율의 상승에 따른 대외가치 평가 효과)에 의해 증가할 수 있습니다.

예를 들어, 국내 거주자가 국내외 자산을 사고팔면서 외국과 대부와 차입을 하면서 자본의 유출입이 발생합니다. 만약 외국자산의 순매입(외국에 대부)이 10억 달러이면 대외 부는 10억 달러가 증가합니다. 반대로 외국자산을 순매도하거나 국내자산을 순매도(외국으로부터 차입)하면 대외 부는 감소합니다.

또한, 대외자산의 가치 평가에 대한 예를 들면, 한국의 기업이 미국 주식을 대외자산으로 보유하고 있는데 미국의 경제침체로 주가가 10불에서 8불로 떨어졌다면 현재 환율은 달러당 1,000원이고 1000주를 보유한 경우 자본은 천만 원에서 팔백만 원으로 낮아져 평가손실은 이백만 원에 달합니다. 이것은 가격효과입니다. 반면에 미국 주식 주가가 여전히 10달러이지만 국내경제 불안으로 인해 달러화 환율이 1,200원에서 1,400원으로 급등한 경우 자본은 천만원에서 천이백만 원으로 높아져 자본의 평가이득은 이백만원이 됩니다. 이것은 환율효과입니다.

이제는 국제금융이 전반적으로 성장하게 된 배경에 대해 몇 가지 검토해보도록 하겠습니다. 첫째, 국제무역이 성장해옴에 따라 국제금융도 성장해왔습니다. 세계무역은 1950년 이후 매년 약 6%씩 성장해왔습니다. 국제무역과 국재투자의 자유화 및 통신과 운송기술의 발달 등 거래비용 감소를 통한 경제적 공간이 축소됨에 따라 무역은 빠르게 성장해왔습니다. 무역이 성장해옴에 따라 수출입의 반대급부로 주고받는 자금에 대한 국제금융이 증가했습니다. 그리고 무역의 보상으로서 경제가 성장함에 따라 경제 크기에 걸맞게 수반되는 국제금융도 성장했습니다.

둘째, 그동안 증권, 부동산, 비즈니스 등에 대한 국제투자가 증가해왔는데요. 국제 금융자산에 대한 투자의 보상 이득이 세계경제에서 자본 배분의 효율성을 높여주었고 해외투자의 능력을 높여줌에 따라 국제금융이 증가했습니다.

셋째, 국제 무역과 투자의 보상은 위험을 보통 수반하게 됩니다. 국제 무역과 투자에 수반되는 환율변동위험과 국가위험을 회피하기 위해 헤징, 수출신용보험, 신용장 등의 금융수단을 더 많이 활용하면서 국제금융이 증가하게 됩니다. 예컨대 환율변동위험은 판매나 투자에 따른 수익 및 가격에 영향을 미치는 환율변동의 불확실성에 따른 환위험이며, 국가위험이란 특정 국가에서 전쟁이나 정치사회적 혼란이 있는 경우 무역과 결제, 투자와 상환 등이 어려워지는 위험을 말합니다.

끝으로, 다국적기업의 성장과 함께 국제금융은 증가해왔습니다. 1990년도 이후 여러 나라에 걸쳐서 생산과 판매 등을 수행하는 다국적기업은 빠르게 증가해왔습니다. 현재 미국은 다국적기업이 미국 수출의 약 80%를, 미국 수입의 약 40%를 차지하고 있습니다. 기업들이 전 세계에서 금리가 낮은 곳에서 자금을 조달하여 비용이 낮고 수익이 높은 곳에 투자 및 생산하는 국제 비즈니스를 많이 함에 따라 국제금융이 성장해왔다는 것입니다.

세계화로 재화와 서비스 및 금융자산(자본)이 국가 간에 자유롭게 이동함에 따라 그에 수반되는 화폐의 수요와 공급이 변동하면서 경제성장 및 국민후생이 증진됩니다. 예를 들어, 외국자본이 국내 유입되면, 투자가 승수효과로 늘어나 생산과 고용이 증가하기 때문에 국내경제를 활성화시켜 줍니다. 그밖에, 외국자본이 국내 유입되면, 환율하락으로 자국의 통화가치가 상승하여 교역조건이 개선됨에 따라 더 많은 물건을 수입해 소비할 수 있기 때문에 국내 후생이 증가합니다.

자유무역의 증대는 국제금융을 발전시키고, 금융의 규제완화나 증대 역시 무역을 증가시켜줍니다. 반대로 중간재 수출규제 등으로 무역이 감소되면 국제금융이 위축되고, 금융위기는 무역을 축소시킵니다.

특히, 국제유동성은 국가 간에 효율적 자원배분을 통해 세계경제 성장에 기여하지만 국가 간 경제 불균형과 취약성을 초래하기도 합니다. 국제유동성이란 좁게는 역외 달러화를, 넓게는 달러화에 선진 5개국 통화 혹은 신흥시장국 통화까지를 포함합니다. 현재 대략 40조 달러로 추정됩니다.

예를 들어, 국제금융의 신용완화, 즉 국제유동성 증가는 국제무역과 자본유입을 증가시켜줍니다. 그러나 국제금융 신용경색, 즉 국제유동성 감소는 무역 감소, 위험자산 회피 자본유출을 초래합니다.

현대 경제에서 미국 달러화는 무역의 결제통화이자 역외 신용공급의 역할을 담당하는 국제유동성입니다. 세계경제에서 달러화 국제유동성이 늘어나 달러화 가치가 하락하면 역외 금융분야에서 기업의 운영자본에 대한 신용공급이 팽창됩니다.

이와 같이, 미국 역외의 세계시장에서 달러화 유동성 수량이 많아져서 달러화 가치가 하락하는 경우, 무역금융, 국제대차 등으로 자본이동이 늘어나면서 국제투자, 국제무역, 다국적 생산이 증대하여 세계경제가 활성화됩니다. 반대로 미국 이자율이 높아져 미국으로 달러화가 재 유입되어 세계시장에서 달러화 유동성이 적어져서 달러화 가치가 상승하는 경우, 자본이동이 감소하면서 국제 투자와 무역 및 다국적 생산이 감소하여 국제비즈니스가 위축됩니다. 개도국에서는 달러화 환율의 상승이 국제 상대가격을 하락시켜 순수출 개선 효과가 있지만 국제금융 신용위축으로 무역을 감소시킬 수 있습니다.

예컨대 달러인덱스(달러화 지수)는 달러화 국제유동성을 측정해주는 대표적인 지표입니다. 각 통화의 비중을 그 국가의 경제규모에 따라 결정하여 달러화의 평균 가치를 나타내주는 지수로서, 지수 값이 100 이하이면 세계경제에서 달러화의 저평가를, 100 이상이면 달러화의 고평가를 나타냅니다. 달러화가 저평가로 약세이면 국제유동성이 증가하고 미국 경제가 나쁘거나 여타 세계경제가 활성화되는 반면 달러화가 고평가로 강세이면 국제유동성이 감소하고 미국 경제가 좋거나 여타 세계경제가 위축됨을 의미합니다.

달러화 중심의 무역결제 및 국제유동성을 가진 경제환경에서 국제 금융과 무역은 상호 보완적인 관계를 통해 성장하는바, 개방경제로서 세계경제와 상호 작용함에 따라 거시경제 차원의 정책적 의사결정을 내릴 때 국내경제뿐만 아니라 대외경제 현상과 관계를 고려하게 됩니다.

예를 들어, 요즘처럼 높은 인플레이션이 여러 국가들에서 동조적으로 발생하면, 각 국가는 함께 긴축 통화정책을 펼치면서 인플레이션을 낮춥니다. 그리고 국제유동성이 부족해지면 대외거래가 위축되고 신용도가 떨어지기 때문에 외환보유고 형태로 국제유동성을 비축해놓고 있습니다. 또, 국가 간 통화스왑(두 통화를 교환하고 향후 재 교환하는 금융계약)을 체결해 외화가 필요할 때 가져다쓰고 나중에 되갚는 국제계약도 하고 있습니다.

33

국제금융이론의 동향

국제금융이론은 국가 간의 자본과 외환 거래, 국제금융시장(자본시장과 외환시장)의 구조적 특성, 환율의 결정과 영향, 국가 간 거시경제정책의 상호관계를 주로 분석합니다. 국제금융론은 조금 다르지만 개방거시경제학이라고도 불리지요. 국제금융과 관련된 이론에 대한 중요한 현안은 크게 3가지 이슈로 구분해서 정리해볼 수가 있습니다.

첫 번째 이슈는 자유변동환율제도 하에서 환율에 대한 연구입니다. 미국 등 선진국을 중심으로 1970년 초반에 고정환율제도를 포기하고 자유변동환율제도의 채택이 확산되면서 몇 가지 부작용이 발생하였습니다. 특히, 국제금융시장과 외환시장에서의 불안정성이 확대되자, 이때부터 국제금융시장과 외환시장의 변동성과 불안전성의 원인 그리고 환율변동의 원인을 밝히고자 하는 연구가 활발하게 전개되었습니다.

환율변동에 대한 다양한 패턴을 몇 개 그룹의 환율제도로 구분하고 있는데 환율제도를 크게 고정환율제도와 변동환율제도로 나눌 수 있습니다. 고정환율제도는 어떤 나라의 환율이 어떤 기준통화에 대해 일정 기간 변동하지 않거나 좁은 범위 이내에서 변하도록 만든 제도입니다. 중국 위안-달러화 환율은 달러당 7위안 정도로서, 그 상승과 하락 폭에 제한을 두고 천천히 변합니다. 반면 변동환율제도는 환율이 외환시장의 수요와 공급에 따라 수시로 자유롭게 변동 혹은 넓은 범위에서 움직이는 제도입니다. 원-달러화 환율, 달러-유로화 환율 등은 변동 폭이 상당합니다.

고정환율제도 가운데 금본위제도에서의 화폐 가치를 생각해보면, 화폐가 어떤 가치를 가지느냐에 대한 신뢰의 문제가 발생했습니다. 그래서 정부는 희소하고 귀하다고 인정받는 금을 화폐에 연동시켰습니다. 국가는 창고에 쌓아놓은 금을 기반으로 보유한 금의 양 만큼 화폐를 발행하여 사용합니다. 예컨대 종이 화폐에는 금 1돈의 가치가 있다고 정부가 정하면, 누가 이 돈을 가지고 정부에게 올 때 그 돈의 가치만큼의 금을 교환해주는 방식입니다. 이로써 화폐의 가치가 보장됩니다.

국제수지 조정 차원에서 보면, 수출하여 무역 흑자이면 흑자만큼 금을 받아 금의 보유량이 늘어나고 그 만큼 새로운 화폐를 찍어냅니다. 그러면 화폐량이 증가하여 물가가 상승하여 무역수지 흑자가 감소하면서 국제수지 균형을 달성합니다. 반대로 수입이 많아져 무역수지가 적자이면 금이 유출되어 금의 보유량이 줄어들고 그 만큼 화폐량이 감소하면서 물가가 하락하여 무역수지 적자가 개선되어 국제수지 균형을 다시 달성합니다.

미국, 프랑스 등 국가들은 무역을 통해 금을 선호하여 금을 쌓아두고서 화폐를 발행해오다가 디플레이션 현상이 발생하였습니다. 대공황으로 디플레이션이 심화되었습니다. 그러자 2차 세계대전 이후 여러 나라들이 브레튼우즈에 모여 다시 세계경제를 재건한 계획을 세우는 과정에서 금환본위제도가 탄생합니다.

금환위제도는 금 보유량이 낮은 나라들이 선택했습니다. 대외무역에서 결제대금으로 사용할 만큼의 금 보유량을 가지고 있지 못한 나라들은 금 대신에 미국 달러화나 영국 파운드화 등의 화폐를 쌓아놓고 이 기축통화를 바탕으로 자국 화폐를 찍어내고 대외무역을 하게 됩니다.

다시 말해, 2차세계대전 이후 설립된 브레튼우즈 체제란 당시에 세계 금의 70%와 세계 GDP의 50%를 차지하던 미국을 중심으로 한 금본위 고정환율제도입니다. 미국의 달러화를 기축통화로 삼고 금 1온스당 35달러로 고정시키고 다른 국가들은 달러화에 대한 자국통화의 환율을 1% 안에서 유지하기로 고정시킴으로써, 달러화의 가치는 금에 고정되고 다른 나라 통화는 달러화에 연결된 금환본위제가 수립되었습니다.

고정환율 결정방식을 예로 들면, 미국에서는 금 1온스를 30달러에 교환하고, 영국에서는 금 1온스를 36파운드에 교환한다고 가정하면, 금 1온스당 30달러 = 36파운드로서 1달러 = 1.2파운드의 고정환율이 결정됩니다. 그리고 금이 부족한 국가들은 물가를 비교하면서 외국화폐에 대한 국내화폐의 교환비율인 환율을 고정시킵니다.

따라서 고정환율제도는 환율변동의 불확실성이 줄어들어 상대방 화폐에 대한 신뢰성을 제공해줌으로써 안정적인 환율 환경을 조성하여 국제무역 및 국제투자를 촉진시켰습니다. 그러나 트리핀이 지적한 삼각의 딜레마라는 모순점에 직면합니다. 한마디로 고정환율제도는 거시경제정책의 자율적 운용 및 환율안정을 통한 화폐가치의 신뢰성이 확보되지만 자본이동 촉진을 통한 국제화폐의 유동성을 확보할 수 없다는 것입니다.

마침내, 미국이 기축통화 달러화를 유동성을 위해 더 많이 찍어내자, 다른 나라들은 금 보유량보다 더 많은 달러화 공급 때문에 달러화에 대한 신뢰도가 감소하였습니다. 그러자 각국은 자신들이 보유한 달러화를 미국으로부터 금으로 교환해감에 따라 미국의 금 보유량이 점점 감소하게 되었습니다. 즉 삼각의 딜레마가 진행되었습니다. 특히, 베트남 전쟁 등으로 1960년대 이후 미국이 달러화 유동성을 증가시키자 달러화의 대외가치 신용이 계속적으로 실추되어 붕괴의 과정에 들어섰고 다른 국가들의 금태환 요구가 증가했습니다. 급기야 미국이 달러화의 금태환을 정지하자 금환본위제도는 와해되었습니다.

1971년 8월에 미국 닉슨의 금태환 정지선언한 이래, 세계경제에서는 자유변동환율제도가 채택되어 확산되었습니다. 오늘날 주요 국가들은 대부분이 자유변동환율제도를 채택하고 있습니다. 그런데 변동환율제도는 자본이동 촉진을 통한 국제유동성 확보와 거시경제정책의 자율성이 보장되지만 환율변동으로 인해 화폐가치의 신뢰도가 훼손됩니다. 그래서 국제금융이론에서는 환율결정이론, 환율변동의 경제적 효과, 환율변동위험의 관리 등을 다룹니다.

두 번째 이슈는 세계자본금융시장의 통합에 따라 종종 발생하는 금융위기를 연구하는 것입니다. 1990년도 전후부터 신자유주의 기저의 세계화로 인해 국제금융자본시장의 통합이 더욱 가시화되었습니다. 전 세계적으로 자본이동이 증가함에 따라 금융은 물론 경제가 크게 성장해왔습니다. 하지만 자본유출입의 부작용으로써 개도국 및 선진국에서는 외환이 부족해지는 외환위기, 금융기관이 망하거나 대차금융이 부족해지는 금융위기, 대외부채를 상환하기 힘든 채무위기 등이 빈번하게 발생해왔습니다. 이에 따라, 각종 위기에 대한 원인의 분석 및 최적의 대응정책에 관한 연구가 활발하게 이루어졌습니다.

다시 말해, 1982년 멕시코에서 발생한 대외채무 지급불능 위기가 라틴아메리카 전역에 금융위기로 확산된 이후, 1990년대와 2000년대에 걸쳐 다양한 금융위기가 개도국뿐 아니라 선진국에서 빈번하게 발생함에 따라 위기의 원인 분석 및 최적 대응정책에 관한 연구가 활발해졌다는 것입니다. 세계경제가 계속 변화되는 과정 하에서, 역사적인 금융 위기로부터 얻은 교훈을 이해하면, 우리는 현재 시장의 상황 및 발전방향을 좀 더 정확히 예상할 수 있습니다. 그래서 금융위기를 연구하는 것입니다.

예로써 아시아 외환위기(1997-8년)를 살펴보면요. 환투기 세력때문에 달러화 자본의 해외유출이 급증하여 달러화가 급부족해지고 달러화 환율이 급등하는 외환위기를 태국, 한국 등이 경험하게 됩니다.

외환위기 직전에 태국을 비롯한 한국 등 아시아 국가들은 고정환율제도를 채택하고 있었는데, 이 경우 달러화 강세로 인해 환율이 크게 상승해야하면 국가가 외환보유고로 가진 달러화를 투입 공급하여 달러화 환율이 상승하지 않도록 방어해야 합니다. 그러나 당시 동남아에서 달러화 강세로 인해 해외투자자금이 유출되고 국제 유동성이 감소되는 상황 하에서 수출과 수출한 달러대금 확보가 위축되는 가운데 소로스가 이끄는 헤지펀드가 태국 바트화를 대한 공매도(바트화를 팔고 달러화 구입증가)라는 투기를 감행했습니다. 이로 인해, 태국 바트화의 가치가 폭락하게 되고, 결국 인의적인 고정환율을 상승시켜 달러화 가치는 급등하게 됩니다.

이를 계기로, 금융위기가 단순한 국가의 대외지급불능이라는 위기 인식을 넘어, 투기적 금융거래에 의하여 확대 및 재생산되는 유동성 위기일 가능성으로 보고서, 이에 대한 연구가 더욱 광범위하게 전개되었습니다. 이후 한국은 자유변동환율제도로 전환합니다.

또한, 최근의 글로벌 금융 위기(2007-2009년)를 예로 들면, 금융위기는 미국 서브프라임 모기지 시장의 붕괴, 즉 주택담보 대출을 해주는 중소형 금융기관이 집값거품 폭락과 고금리로 가계가 담보 대출 원금을 상환하지 못하자 붕괴하기 시작되었습니다. 이로 인해 금융기관들끼리 대차하는 글로벌 금융기관들이 연쇄적인 영향을 받아 심각한 세계적 불황을 겪었습니다.

이에 따라, 세계 정부들은 거대한 구제금융과 통화 정책을 통해 금융 시스템을 안정화하기 위해 개입했습니다. 금융위기는 금융 규제와 위험 관리의 취약성을 드러내며 전 세계적인 규제 개혁을 이끌었습니다. 즉, 금융 위기는 금융 시장의 주기성, 지나친 투기와 부채, 부적절한 규제로 인한 잠재적 취약성을 증명하였습니다.

세 번째 이슈는 유럽의 통화통합(1999년) 같은 통화통합의 연구입니다. 유럽이 지역 내 환위험을 없애고 거래를 촉진하여 경제를 발전시켜려고 시도한 통화통합 이후에는 통화통합이 초래하는 영향 및 효과에 대한 연구 등이 많은 주목을 받아왔습니다.

과거, 유럽연합 소속 유럽국가들이 결성한 통화통합, EMU는 1999년 1월초에 출범한 유로화를 중심으로 한 유럽의 통화통합 국가들을 지칭합니다. 유럽국가들은 유로화를 공동 단일 화폐로 사용하고 설립한 유럽중앙은행이 유로화를 관리합니다. 유럽과 유럽의 각국은 미국의 연준처럼 이제 지역별 연방준비은행과 유사한 역할을 하게 됩니다.

단일통화 유로화를 사용하는 장점은 유럽지역 내 국가간 거래를 촉진시켜 경제를 발전시키고, 이탈리아나 그리스처럼 인플레이션과 외환위기에 시달린 국가들은 유로화를 통해 인플레이션과 위기를 방어하고 통화 신뢰도를 높여주는 경제적 이점이 있었습니다. 사회적 통합을 촉진한다는 정치적 의미도 있습니다.

다시 말하면, 유로화의 도입의 장점은 장기적으로 경제규모의 확대와 효율성 향상에 기여하며, 국제통화로서 대외거래에 쉽게 사용 가능하고 국제유동성을 제공하며, 환율변동성을 감소시켜 거래를 촉진해줍니다. 그러나 단점은 각국은 각자 재정정책 및 예산을 통제하지만 단일통화에 따른 통화 독립성의 상실 및 공통화된 통화정책을 시행함에 따라 국가별로 서로 다른 필요성에 대응하기가 어렵습니다. 또한, 통합된 재정 및 통화정책이 없어서 금융위기, 불황 등 위기에 대응능력이 떨어집니다.

이와 같이, 유럽인들은 유럽연합을 통해 유럽대륙의 자유와 경제적 번영을 증진시켰습니다. 그러나 최근 유로화 위기로 인해 안정성이 위협을 받고 있습니다. 영국은 유로화가 아닌 자국 파운드화를 계속 사용했음에도 브렉시트라는 이름으로 유로존에서 탈퇴하기도 했지요. 예를 들면, 이탈리아와 스페인 등의 남유럽은 경쟁력이 추락해 헤어나기 어려운 함정에 빠져있고, 북유럽은 전례 없이 증가한 공공채무와 책임의 소용돌이에 휘말리고 있습니다. 최근에는 유로존에서 가장 튼튼했던 독일도 경제가 나빠지고 있습니다.

더 나아가, 1990년대 이후 진행된 세계경제의 통합은 국제생산물시장 통합과 국제금융시장 통합 및 국가 간 노동력의 이동 확대를 통한 국제 노동시장의 통합을 가져다주었습니다. 이러한 과정에서, 국가 간의 경제정책을 조정할 필요성이 확대되었습니다. 이와 관련된 국제경제정책 조정체계에 대한 논의는 크게 2가지로 구분해 정리할 수 있습니다.

첫째, 1970년대의 오일쇼크와 1980년대 변동환율제도를 채택한 결과로서 국제금융시장에서 불안정성이 커지자, 외환정책을 포함한 국제금융정책의 조정체계가 중요시되었습니다. 국제금융시장의 질서가 자율적으로 효율성을 달성하지 못해 발생하는 각종 불안정성을 해소하기 위해 적극적인 국제금융정책 조정체계를 위한 논의가 이루어졌습니다.

다시 말해, 국가 간에 국제금융정책을 서로 조정하는 체계가 금융시장의 대외의존도가 높아져 더욱 중요해짐에 따라, 국제금융정책 조정체계의 구조적 실효성 제고 및 효율적 작동조건에 대한 연구가 활발하게 진행되고 있습니다.

예를 들면, 일본의 대미 순수출 지속적 확대 등으로 1985년에 엔화 대비 급등한 달러화를 절하시킨 플라자 합의 및 1987년에 달러화의 지나친 절하에 따른 외환시장 불안정성을 극복하기 위한 루브르 합의를 계기로 국제금융정책 조정체계에 대한 연구가 활성화되었지요. 한편, 1999년 유럽의 단일통화 유로화의 도입과 함께 유럽에서는 개별국가들이 통화정책 주권을 포기하고 모든 통화정책을 유럽중앙은행으로 이관하는 금융정책 조정체계를 도입하면서 국제금융정책 조정체계에 대한 연구가 획기적으로 이루어졌습니다.

둘째, 2010년대에 들어와 글로벌 금융위기를 겪은 이후, 미국 달러화가 국제유동성 통화로 사용되는 현재의 국제통화체제를 개편할 필요성에 대한 논의가 활발하게 제기되고 있습니다. 또한, 수출 경쟁력을 높이고자 자국통화 가치를 경쟁적으로 절하하는 등의 환율관리를 둘러싼 주요국들 간의 갈등이 심화되는 만큼 국제통화체제의 개선 논의가 필요해지고 있습니다.

국제통화체제의 개선을 위해 논의되거나 논의될 제안으로 국제유동성 통화의 확대 및 기축통화 국가에 대한 감시, 국제금융 안정망의 추가적 확충, 채권자 책임분담 등을 들 수가 있습니다. 구체적으로 다음의 3가지 주제들에 대한 연구를 제시할 수가 있습니다.

하나는, 새로운 국제통화체제의 모색입니다. 현행 변동환율제도 하에서는 외환시장에 의한 환율결정과 국제수지 불균형의 자율적 조정메커니즘을 토대로 국제통화체제를 개선하려고 할 것입니다. 그러므로 달러화 위주의 준비통화체제의 문제를 개선하기 위해, 다양한 국제통화를 사용하는 체제(버클리 견해)로의 전환이 논의되었습니다. 그러나 달러화 중심의 체제(하버드 견해)가 지속될 것임이 힘을 받고 있습니다.

둘은, 국제금융 안전망의 추가적인 확충입니다. 각 국가는 현행 국제통화체제 하에서 국제금융 안전망을 높이는 방안으로서 IMF와의 협력을 통해, 재원조달 규모 확충과 감시능력 확대, 위기예방용 통화스왑 체결, 국채 지급보증과 국제유동성 보험 등을 모색하고 있습니다. 그밖에 급격한 자본 유출입으로부터 신흥국 시장의 안전성을 유지하기 위해 경기변동에 대응한 담보할인율과 증거금의 변경 같은 거시건전성 정책도 모색하고 있습니다.

셋은, 은행의 자본규제와 채권자의 손실부담 개선 등을 들 수 있습니다. 각국은 금융기관이 당면한 위험 노출도가 높아짐에 따라 은행의 자기자본 비중을 높이는 자본규제를 강화하게 됩니다. 그러나 자기자본 비율의 규제가 필요한 것인가에 대한 의문과 함께 그 규제의 수준이나 방법에 있어 이견이 많습니다. 그리고 채권자 손실분담 제도(은행의 지급불능시 정부의 구제금융 이전에 채권을 처분함으로써 채권자가 손실을 먼저 분담하는 제도), 다국적 금융기관의 청산 문제, 은행세와 금융거래세 부과 등을 모색하고 있습니다.

국제금융 – 국제통화 중심의 외환거래와 환율결정

전 세계 외환시장에서는 매일 수조 달러가 거래되면서 외환시장의 변화가 경제에 큰 영향을 미칠 수 있습니다. 외환에 대한 수요와 공급에 의해 환율이 결정되고 변동하면서 부족한 자원을 효율적으로 배분해줍니다.

환율은 어떤 외국 화폐의 가격을 자국 화폐로 표현한 것이라고 정의할 수 있습니다. 미국식 표기의 예를 들면, 원-달러화 환율, 달러당 1,300원은 미국 달러화의 단위가격을 한국 원화 1,300원으로 나타낸 것입니다. 원-달러화 환율은 원화의 가치가 미국 달러화 혹은 국제유동성 가치에 비해서 강세내지 약세를 나타냅니다. 즉, 환율이 상승하면 자국통화 가치가 절하하고, 환율이 하락하면 자국통화가 절상하는 것입니다.

이에 반해, 다자간 환율(실효환율)을 이용하면 한 나라의 통화가 세계 수많은 통화에 대해 평균적으로 절상했는지 절하했는지를 파악할 수 있습니다. 다자간 환율이란 여러 통화를 하나의 바스켓에 포함시킨 다음, 포함시킨 각 통화에 대한 자국 환율의 변화율들을 무역가중치를 사용해 가중 평균함으로써 바스켓 전체의 환율 변화를 파악하는 것입니다. 실효환율 지수가 기준시점 100을 상승하면 자국통화의 가치가 절상, 실효환율이 100이하로 하락하면 자국통화의 절하를 나타냅니다.

그런데 외환거래는 미국 달러화를 중심으로 유로화, 파운드화, 엔화 등의 국제통화를 매개수단으로 다른 통화를 교환하는 행위입니다. 세계 외환거래의 약 85%가 달러화를 주고받으면서 행해집니다. 이와 같이, 전 세계에 약 164개의 서로 다른 통화가 모두 2개씩 짝을 지어 거래되지 않고, 대부분 통화는 달러화 혹은 달러화와 주요 국제통화와만 직접 거래가 이루어집니다.

예컨대 서울 외환시장에서 원화는 미국 달러화와 중국 위안화와만 직접 거래됩니다. 원화는 국제통화가 아니기 때문에 달러화와 위안화 이외의 다른 통화들과는 직접 교환되지 않습니다. 이렇기 때문에 엔화, 유로화 등 다른 통화와 교환할 때 달러화를 매개통화로 한 교차환율을 사용하게 되는 것입니다. 예를 들면, 원-유로 환율은 원-달러 환율과 달러-유로 환율을 곱해 계산한 교차환율로서 측정한다는 말입니다.

외환거래에서 일반 사람들이 은행에 가서 환전하는 거래는 대체로 소액의 현물환 거래로서 외환시장의 극히 일부분을 차지할 뿐이고, 대부분은 런던, 뉴욕 등 세계의 주요 금융 중심지에 있는 상업은행들에 의해 행해집니다.

참고로, 은행에 가서 환전을 해보면, 은행이 사주는 가격과 파는 가격의 차이가 상당한 것을 볼 수 있습니다. 이는 스프레드라고 부르며 수수료에 해당되는 거래비용입니다.

외환거래를 수행하는 방법은 전통적인 외환거래(현물환, 선물환, 외환스왑)와 외환 파생상품거래(통화선물, 통화옵션 등)로 나누어 볼 수가 있습니다. 2016년 4월 기준, 현물환거래는 32.6%, 선물환거래가 13.8%, 외환스왑이 46.9%를 차지하여 전통적 외환거래가 90% 이상을 차지하고 있었습니다.

현물환거래는 고객들이 은행에 가서 혹은 은행들끼리 현물환계약을 체결한 동시에(2영업일 이내)에 현재 환율을 적용해 대금 결제와 외환의 인수도가 이루어집니다.

선물환거래는 선물환계약을 오늘 체결하고 이때 약간의 수수료를 지불하고, 계약한 장래 일에 정해진 선물환율에 따라 대금 결제와 외환 인수도가 이루어집니다. 선물환계약은 당사자들이 오늘 계약을 맺지만 외국통화가 인수도 되는 결제일이 미래입니다. 만기일은 여러 가지가 있는데 30일, 90일, 6개월, 1년 혹은 그 이상의 장기간이 있습니다. 그리고 계약을 맺는 오늘 시점에 장래의 인도가격인 선물환율을 미리 정해서 적용하는데 선물환율은 보통 현물환율을 중심으로 미래상황 등을 고려해서 정해집니다.

예를 들어, 한 기업이 은행에서 달러당 1,000원의 환율로 1백만 달러를 30일 후에 매입하는 선물환계약을 체결한 경우, 장래 30일 후의 만기일에 당일 환율이 달러당 1,100원일지라도 관계없이 계약한 선물환율에 따라 10억 원을 지불하고 1백만 달러를 매입합니다.

외국인들은 국내에 투자하는 경우 환위험 헤징이나 투기 이득을 목적으로 차액결제 선물환 계약을 많이 체결합니다. 차액결제 선물환이란 외환 실물의 인수도가 없이 당초 약정한 선물환율과 만기일 현물환율 간의 차액만을 정산하여 보통 달러화로 결제하는 방식입니다.

앞의 예제에서, 만기 현물환율과 선물환율 간의 차이 100원에 1백만 달러를 곱한 1억 원 혹은 1억 원을 환율 1100원으로 나눈 90,909달러를 은행이 고객에게 지불하면 됩니다.

외환스왑계약이란 통화스왑인데요. 예를 들면, 현재 여유가 있는 원화를 빌려주고 그 대가로 달러화를 빌리고나서, 나중에 달러화를 되돌려주고 원화를 받는 것입니다. 달리 보면, 외환스왑계약이란 어떤 외환에 대한 현물환 매도나 매입을 동일 통화에 대한 선물환 재매입이나 재매도와 결합시킨 것입니다.

예를 들어, 한 은행이 달러화가 부족한 다른 은행에게 1백만 달러를 빌려주고 동시에 60일 후에 정한 선물환율로 1백만 달러를 다시 매입하는 계약을 체결하는 경우가 스왑거래입니다. 이 스왑계약은 현물환 매도와 2개월 선물환 매입의 두 거래를 결합시킴으로써 현물환 계약과 선물환 계약을 따로따로 하는 것보다 거래비용을 줄일 수 있습니다.

다음은 환율이 어떻게 결정되는지에 대해 살펴보겠습니다. 외환시장에서 외환거래가 행해짐에 따라 외환의 수요와 공급이 변화되면서 환율이 결정 및 변동합니다. 다시 말하면, 수출과 수입에 따른 외환결제, 국제자본 유출입 등 대외거래의 결과에 따라 외환의 수요와 공급이 변하면서 환율이 변동합니다.

예를 들어, 원-달러 환율은 원화를 주고 달러화를 사거나 원화를 받고 달러화를 팔 때 결정되는데요. 달러화에 대한 수요가 많을 때는 원-달러 환율이 상승합니다. 국내기업의 수입수요가 늘어나거나 해외투자가 증가하면 달러화 수요가 늘어나게 됩니다. 반대로 달러화 공급이 늘면 원-달러 환율이 하락합니다. 국내기업의 수출이 증가하거나 외국인들의 국내투자가 늘어 자본 유입될 때 달러화 공급이 늘어납니다.

또한, 한 나라의 화폐(공급)량이나 중앙은행의 통화정책은 환율에 큰 영향을 미칩니다. 화폐량, 이자율, 환율 간의 장단기적 관계를 정리해보면요. 장기적으로는 통화량이 증가하면 물가 상승, (명목)이자율 상승, 환율 상승을 초래합니다. 반면 단기적으로 통화량 증가는 (명목)이자율 하락, 경기촉진, 환율 상승을 유발합니다. 구체적으로 살펴보면요.

첫째, 단기 자산 접근법과 이자율평가에 따른 단기간 환율과 통화량의 관계를 검토해보겠습니다. 일시적 통화량의 증가 충격은 미래에는 영향을 미치지 않고 현재 시장상태에만 영향을 미치므로, 통화정책 변화에 따라 현재 환율만 변동하고 기대 같은 장기 명목변수들은 변하지 않습니다. 따라서 일시적으로 통화량이 증가하면, 화폐시장에서 화폐수요에 비해 화폐공급이 초과되어 이자율이 하락함에 따라 외환시장에서 이자율평가에 의해 국내 수익이 낮아져서 환율은 상승합니다. 즉, 일시적인 통화량 증가로 국내 수익률, 명목이자율이 하락할 때 사람들은 국내예금을 팔고 해외예금을 사려고 하기 때문에 환율이 상승합니다.

하지만 영구적(지속적) 통화량의 증가처럼 통화당국이 영구적인 정책변화를 단행하는 경우 모든 장기 명목변수들은 변동하게 됩니다. 통화정책 변화 충격이 영구적이면 환율수준에 대한 장기적 예상이 변동한다는 것입니다. 따라서 영구적으로 통화량이 증가하면 이자율과 국내 수익이 하락함에 따른 현재 환율 상승과 미래 기대 환율 상승으로 인해 환율이 큰 폭으로 상승합니다.

둘째, 장기 화폐적 접근법과 구매력평가 및 이자율평가에 따른 장기간 환율과 통화량 간의 관계를 검토해보겠습니다. 통화량이 영구적으로 증가하는 충격이 발생한 경우, 장기적으로 물가는 신축적으로 변하기 때문에 통화공급 증가와 동일한 비율로 물가수준이 상승하게 됩니다. 그 결과, 명목이자율도 예전의 최초 수준으로 되돌아갑니다. 환율은 낮아졌던 이자율과 국내 수익에 따른 현재 환율 상승과 장기 예상환율의 상승 때문에 큰 폭 상승을 경험한 이후, 점차 국내 예상수익이 예전 수준으로 되돌아가기 위해 상승함에 따라 환율이 다소 하락합니다.

정리하면, 영구적으로 통화량이 증가하면 장기간 환율은 상승합니다. 그런데 단기균형에서 단기간 환율은 크게 상승했다가 장기균형으로 가면서 약간씩 하락함으로써 환율이 최초균형에 비해 상승한 것입니다. 이를 환율의 단기 오버슈팅 현상이라고 부릅니다. 통화량의 증가가 영구적 충격일 때 환율은 단기적으로 크게 상승합니다. 영구적 통화공급 증가가 환율에 미치는 효과는 장기보다 단기에서 더 크기 때문입니다. 통화량이 영구적으로 증가하면, 단기적으로 국내 수익인 이자율은 하락하고 미래 예상환율이 상승하므로 사람들은 국내예금을 더 많이 팔고 해외예금을 더 많이 사려고 하므로 환율이 더 크게 상승한다는 말입니다.

환율변동위험과 환위험 측정

　국제금융거래가 국내 거주자와 비거주자 간에 혹은 비거주자들 상호 간에 서로 다른 통화로 이루어짐에 따라 국내금융거래에는 없는 환율변동위험이 발생합니다.5) 환위험이란 예상하지 못한 환율의 변동 때문에 발생하는 위험입니다. 환율변동으로 인해 자금조달의 비용이 상승내지 운용수익이 감소 혹은 대외순자산(외환포지션)의 평가가치가 하락될 가능성을 말합니다.

　환위험은 국제비즈니스를 수행하는 기업의 경영성과와 기업가치에 큰 영향을 미치기 때문에 환위험 관리가 필요합니다. 예상치 못한 사고발생에 대비하여 보험에 가입하듯이, 환율변동의 불확실성

---

5) 은행의 관점에서 국제금융거래에서 미래 불확실성으로 인해 직면하는 국제금융위험은 환율위험, 이자율위험, 신용위험, 유동성위험, 운영위험, 국가위험 등으로 분류할 수 있습니다.

속에서 환위험을 적절히 관리하는 일은 매우 중요합니다.

국내통화로 나타내는 환위험의 크기는 외국(국제)통화로 나타낸 환노출에 환율 변동폭을 곱해서 측정할 수 있습니다. 여기서 환노출은 외환포지션(대외순자산 = 외화자산 - 외화부채)의 규모나 외화 현금흐름의 규모를 말합니다. 즉, 환위험은 외화로 표시된 환노출을 환율을 이용해 국내통화로 나타낼 때 발생하는 위험을 말합니다.

예를 들어, 한국 기업이 20억 달러의 외화자산과 5억 달러의 외화부채를 가지고 있다면, 20억 달러의 자산 중 5억 달러는 외화부채 5억 달러에 의해 상쇄되므로 이 기업은 15억 달러의 순자산이 환위험에 노출되어 있는 것입니다. 환노출이 15억 달러입니다.

만약 원-달러 환율이 현재 달러당 1,300원에서 외환포지션의 결재일에 가서 1,200원으로 하락한다면, 한국 기업의 외환포지션의 가치는 1조 9천 5백억 원에서 1조 5천 3백억 원으로 감소하여 환차손이 4천 2백억 원에 달합니다. 환위험이 4천 2백억 원입니다.

보통 기업이 직면하는 환위험은 환노출의 발생 원인에 따라 3가지 형태로 구분할 수 있습니다. 거래적 환노출과 거래적 환위험, 회계적(환산) 환노출과 회계적(환산) 환위험, 경제적(운용) 환노출과 경제적(운용) 환위험으로 구분할 수 있습니다.

거래적 환노출과 거래적 환위험은 몇 주 혹은 몇 달 동안의 단기적 환율변동에 의해 영향을 받는 환노출과 환위험입니다. 특히, 거래적 환노출은 미래의 현금흐름이 과거의 거래로 현재 확정되어 있는 외화표시 수출액과 수입액, 외화 차입금과 대부금 등을 말합니다. 이에 따라, 거래적 환위험은 거래적 환노출이 계약의 체결과 결제할 시점 사이의 환율변동에 따라 영향을 받는 정도를 나타냅니다.

예를 들면, 한국 기업이 어떤 미국 기업과 1백만 달러의 자동차부품을 판매하고 2개월 후에 수출대금을 받기로 계약을 맺었습니다. 선적일 당시의 원달러화 환율은 1,300원이었기 때문에 손익계산서에 13억 원의 수출을 수익으로 계상하였습니다. 그러나 2개월 후에 환율이 1,200원으로 하락했다면, 이 경우 환노출은 1백만 달러이고, 수출대금으로 12억 원을 획득함에 따라 환위험은 1억 원(= 1백만 달러×100원)이 발생합니다.

회계적(환산) 환노출과 회계적(환산) 환위험은 재무제표에 기입된 외화의 환율이 변동하여 초래된 장부상의 환노출과 환위험입니다. 특히, 회계적 환노출은 과거의 거래로 현재 확정된 서류상의 외화표시 자산과 부채 혹은 손익을 말합니다. 이에 따라, 회계적 환위험은 회계적 환노출이 장부의 작성과 국내통화로 환산할 시점 사이의 환율변동에 따라 영향을 받는 정도를 나타냅니다.

회계적 환위험은 다국적 기업이 해외법인의 외화표시 대차대조표와 영업 손익 등을 모회사의 연결재무제표에서 국내통화 표시로 환산할 때 종종 발생합니다. 적용할 환산 환율은 현행환율(대차대조표 작성일 기준의 환율)과 역사적 환율(거래 발생일의 환율) 중 하나를 선택합니다. 그리고 회계적 환위험은 실제 손실이 아닌 장부상의 가치변동이므로 향후에 환율이 반대방향으로 변동하면 환위험이 사라질 수도 있습니다.

예를 들어, 한국 기업이 2021년 말에 원달러화 환율이 1,000원 당시에 외화표시 부채가 1백만 달러가 있어서 대차대조표에 부채 10억 원을 계상하였습니다. 그러다가 2022년 말에 외화 부채는 그대로 1백만 달러인데 원달러화 환율이 1,200원으로 상승한 경우, 장부상 환산에 따른 기업의 회계적 가치의 변동을 나타내는 회계적 환노출은 1백만 달러이고, 대차대조표에는 외화부채가 12억 원으로 다시 계상됨에 따라 회계적 환위험은 2억 원(= 1백만 달러×200원)이 발생합니다.

경제적 환노출과 환위험은 장기간 동안의 환율변동에 의해 경영성과가 영향을 받는 환노출과 환위험입니다. 특히, 경제적 환노출은 장래의 수익능력으로서 외화표시 영업이익 등을 말합니다. 이에 따라, 경제적 환위험은 경제적 환노출이 환율변동에 따라 영향을 받는 미래의 현금흐름을 측정해줍니다.

그런데 경제적 환위험은 손익계산서의 손실로 계상되지 않기 때문에 국내통화로 매출액이 예상보다 적은 금액으로 기재되거나 장부상 손실로 표시하지 않는 경우에 중요하지만 인식하지 못할 수 있습니다. 그리고 경제적 환위험은 장기적으로 환율 변동이 상품가격, 생산비용, 생산과 매출 등 회계재무 분야뿐만 아니라 조달, 생산, 마케팅 등 기업활동 전반에 영향을 미쳐서 실제적인 경영성과에 영향을 미치는 것을 나타내줍니다.

예를 들어, 한국 기업이 미국 기업과 매년 선박자재를 1백만 달러씩 수출하는 장기계약을 맺었습니다. 2020년에는 달러당 1,100원의 환율로 수출하였으나 2021년에는 예상치 못한 환율하락으로 달러당 1,000원에 수출한 경우, 경제적 환노출은 1백만 달러이고, 매년 1백만 달러 수출이 2020년에는 11억 원, 2021년에는 10억 원이 되므로 경제적 환위험은 1억 원(= 11억 원 − 10억 원 혹은 1백만 달러 × 100원)이 발생합니다.

추가로, 한국 기업의 해외지사가 2020년과 2021년도 판매액이 8,000달러, 원료 및 재료비가 4,000달러, 영업비용이 1,000달러인데 국내 모기업으로 회기 말에 수익을 송금하는 경우, 경제적 환노출은 매년 현금흐름 3,000달러(= 8,000달러 − 4,000달러 − 1,000달러)이고, 경제적 환위험은 300,000원(= 3,000달러 × 100원)입니다.

다음은 환위험의 크기에 영향을 미치는 결정요인 및 환율변동에 따른 최대손실가능금액에 대해 살펴보겠습니다.

먼저, 환위험에 직접적으로 영향을 미치는 결정요인은 환노출과 환율입니다. 환노출 크기와 환율의 변동 폭이 클수록 환위험은 증가합니다. 그밖에 환노출 기간이 길어질수록 환위험은 더 증가할 것입니다.

다시 말하면, 다른 여건이 일정할 때 환노출 규모가 클수록 환위험은 커집니다. 예를 들어, 원달러 환율이 1,000원에서 900원으로 100원이 하락할 경우 외화포지션이 1천만 달러인 기업의 손실은 10억 원이지만 외화포지션이 1만 달러인 기업의 손실은 100만 원에 그칩니다. 똑같은 이유로, 외화 자산과 부채가 동일하게 1백만 달러로 외화포지션이 제로인 기업은 환노출이 없으므로 환율변동에 따른 손실을 걱정하지 않아도 됩니다.

또한, 환율의 변동성이 클수록 환위험은 증가합니다. 가령, 보유한 외화표시 자산이 1천만 달러일 경우, 만약 원달러 환율이 10원 하락하면 1억 원의 손실을 입지만 100원 하락하면 10억 원의 손실을 입습니다. 그리고 환노출 기간이 길어지면 환위험은 증가합니다. 가령 수출품 선적후 대금수취일까지의 기간이 6개월일 경우, 환노출 기간 6개월 동안의 환율 변동 폭은 1주나 1개월 동안의 변동 폭보다 불확실성이 높아 더 커질 가능성이 높습니다.

이제는 환위험 측정 차원에서 환율변동에 따른 최대손실 가능금액을 계산하는 방법에 대해 살펴보도록 하겠습니다. 최대손실 가능금액(최대 환위험 추정치)을 구하는 방법은 몇 가지가 있습니다.

첫 번째는, 경제연구소 및 전문가들의 환율 예상값 자료를 참고하여 최대손실 가능액을 계산할 수 있습니다. 환율 전망치를 이용해 1년 간의 최대손실 가능금액을 측정하는 공식은 이와 같습니다. 최대손실 가능금액 = 외화포지션 금액 × 최대 환율변동 전망치.

두번째는, 널리 쓰이고 있는 계산 방법인 VaR(Value at Risk)을 이용해 최대손실 가능액을 측정할 수 있습니다. VaR은 일정한 확률적 신뢰구간에서 특정기간 동안 발생할 수 있는 최대손실 가능금액을 계산해줍니다. 환율의 표준편차를 이용하여 단위 외화당 최대 환율 변동 폭을 산출한 후 환노출 규모와 곱하여 추산하는 방식입니다. VaR은 주어진 확률에서 발생 가능한 환손실의 규모를 의미합니다.

VaR를 이용해 1년 간의 최대손실 가능금액을 측정하는 공식은 이와 같습니다.

> VaR = {환노출 규모×단위 외화당 최대 환율 변동폭} = {외환포지션×현재 환율×신뢰수준×환율변동성×환노출 기간의 제곱근}

여기서 환노출 규모(외환포지션)가 현재 알려져 있는 가운데 환율이 확률변수로서 정규분포(평균값을 중심으로 표준편차만큼 흩어져 있는 종모양의 좌우 대칭적 확률분포)를 따른다고 가정하면 최대손실 가능금액도 정규분포를 따릅니다.

환율이 확률 정규분포를 따른다는 가정 하에서, 만약 95% 신뢰수준(5% 유의수준)에서 1일 동안의 VaR이 5백만 원이라면, 이는 환위험 손실이 최대 5백만 원 이내로 발생할 확률이 95%임을 의미합니다. 단지 5%수준에서 5백만 원을 초과할 가능성이 있다는 것입니다.

한편, 단점은 환율 변동의 확률분포가 정규분포를 따르지 않을 때에는 최대손실 가능액의 추정치가 오차를 포함할 수 있다는 점이며, 또 환율 변동성의 측도인 표준편차가 시변하지 않고 일정함을 가정하여 최대손실 가능액의 추정치가 과대나 과소 평가될 수도 있습니다.

예를 들어, 어떤 기업이 보유한 외환포지션의 금액은 1백만 달러이고, 현재 환율은 달러당 1,000원이며, 1일 표준편차로 측정한 환율변동성이 2%인 경우에 1일 동안의 VaR를 추정할 수 있습니다. 이때 최대손실 가능금액은 환율의 확률분포 1% 유의수준에서 46.6백만 원(= 1백만 달러×1,000원×2.33×0.02)입니다.

반면에 5% 유의수준에서는 33백만 원(= 1백만 달러×1,000원×1.65×0.02)입니다. 이 결과를 90%의 양측 신뢰구간(5%의 단측 유의수준)에서 다시 평가해보면, 즉, (−1.65×표준편차, 1.65×표준편차) 구간에서 보면, 외환포지션의 일일 가치가 ((1백만 달러×1,000원 − 33백만 원) ~ (1백만 달러×1,000원 + 33백만 원))의 범위 내에 있다고 말할 수 있습니다.

환위험 관리와 헤징

환율변동의 불확실성에 따른 환위험은 사람들의 글로벌 의사결정 및 성과에 큰 영향을 미칩니다. 따라서 기업의 입장에서는 기업가치와 경영을 안정적으로 유지, 환차손과 외환손실을 제거나 최소화, 목표 수익과 현금흐름을 확보 등의 이유 때문에 환위험 관리가 필요합니다.

환위험 관리란 사전적인 조치들, 예를 들면, 환율변동 예측, 선물환계약 이용, 외국거래선 변경 등을 활용하여 환율변동으로 인해 야기될 수 있는 환차손을 방지하는 것입니다. 환위험 관리의 목표는 환율변동으로부터 현금흐름과 수익의 안정화를 추구하는 것입니다. 이에 따라, 기업이 환위험 관리에 대한 원칙을 정해놓으면 환위험 관리를 할 때 객관적인 판단 및 정확한 평가를 내릴 수 있습니다.

일반적인 환위험 관리의 원칙은, 첫째, 기업의 현재 여건에 맞는 명확한 환위험 관리목표를 설정하는 것입니다. 예컨대 최소 영업이익율(영업이익률은 최소 10%)을 목표로 삼거나 총외환손실 한도(전년대비 외환손실 한도는 순이익의 10%) 등을 정할 수가 있다는 말입니다.

둘째, 환위험 관리를 시작할 시점 및 대상기간을 정해놓아야 합니다. 보통, 환위험 관리를 시작하는 시점은 사업계획을 수립하는 시점, 수출입 계약을 체결하는 시점 등 환위험에 노출되기 시작하는 시점으로 정하게 됩니다. 환위험 관리의 대상기간은 외화표시 현금흐름 주기, 수출입가격의 조정기간, 회계연도(가령 1년) 등을 기준으로 정할 수 있습니다.

셋째, 환위험을 관리할 주체를 정해야 합니다. 환위험 관리를 재무팀 같은 사내인력이 담당하거나 외부에 맡기는 방법이 있습니다.

다음은 기업의 환위험 관리 절차에 대해 살펴보겠습니다. 기업이 환위험을 관리하는 절차는 첫 번째, 환노출 규모를 파악합니다. 순수출과 대외 순자산의 계약액과 전망치 등을 토대로 국제통화별로 환노출 금액을 파악합니다.

두 번째, 미래 환율을 예측해봅니다. 외환시장 기조, 국내외 경제상황 등을 고려하여 환율의 변동을 전망합니다. 환율변동을 잘 예측할 수 있다면 환위험 관리를 최적화할 수 있습니다. 대기업, 금융기관 및 전문가들은 환율예측 기법을 개발 및 비교하는데 환율예측

방법은 크게 계량경제모형을 개발해 예측하는 기초적 분석과 과거 경험을 바탕으로 예측하는 기술적 분석으로 나눕니다.

세 번째, 환위험을 측정 및 평가합니다. 최대손실 가능금액(VaR)을 계산하여 환위험을 측정하고 수익 등을 추산합니다. 예를 들어, 2020년에 한국 기업이 직면한 환노출이 순수출 2백만 달러인 경우, 현재 환율이 달러화당 1,000원일 때 단순히 원화로 환산한 예상 수출액은 20억 원이지만 장래 환율이 가장 불리하게 변동되어 최대손실 가능금액(VaR)이 5억 원으로 추정된다면, 예상 수출액을 15억 원으로 추산할 것입니다.

네 번째, 환위험의 관리 기준을 설정합니다. 가령, 환위험 관리 원칙에 따라 환위험의 관리 목표는 최소 영업이익률을 목표로 삼고, 대상기간은 환노출 기간으로 설정하며, 헤지비율은 최소 영업이익률을 달성할 수 있도록 산정하고, 헤징기법은 상계, 선물환계약 등 기업 사정에 적합한 관리기법을 채택하여 환위험 헤징을 수행합니다. 특히, 환위험을 헤징하는 것은 환율변동위험을 최소화하는 전략입니다.

예를 들어, 기업의 영업이익률은 매출액에 대한 영업이익의 비율로서 영업활동에 따른 성과를 판단하는 잣대입니다. {[매출액, 20억 − 매출원가 및 판매비와 관리비, 10억 − 최대손실 가능금액, 5억] ÷ 매출액, 20억}으로 영업이익률을 계산하면 25%입니다. 만약 환위험 관리 목표로서 최소 영업이익률을 30%로 정한 경우 최대손실 가능금액은 4억 원 이하가 되어야 합니다. 왜냐하면 {[매출액, 20억 − 매출원가 및 판매비와 관리비, 10억 − 최대손실가능액, 4억] ÷ 매출액, 20억) = 30%}이 성립되기 때문입니다.

그런데 헤징 비중을 결정할 때 기업상황, 헤징기법 등의 제약으로 인해 최적의 헤지비율을 찾는 것은 어렵습니다. 그래서 환노출 전체를 헤지하거나 손쉽게 황금비율이라는 헤지비율을 사용하기도 합니다. 황금비율(38.2%, 61.8%)을 적용할 경우 환노출액의 61.8%는 헤지하여 안정을 도모하고 나머지 38.2%는 환율변동에 노출시켜 환율상승에 따른 기대이익을 추구하는 전략입니다.[6] 기업별로 처한 상황과 시장 상태에 따라 환율변동에 덜 민감한 기업은 헤지비율을 더 낮추고 환율변동에 취약한 기업은 헤지비율을 더 높이는 것이 타당합니다.

다섯 번째, 전체적으로 환위험 관리를 평가 및 피드백을 통해 검토해야 합니다. 환율 및 환위험에 대한 전망과 실적치 차이, 헤징거래로 인한 환위험 절감규모(헤징효과) 등을 다시 검토해보는 것입니다.

---

[6] 만약 기업의 최소 영업이익율이 5%인 경우에 61.8%를 헤지한다면 환율이 10% 하락해도 환차손은 −4%(= −10%×0.382)로 줄어들어 최소 영업이익률(5%)을 감안한 최종 손익은 1%를 유지하게 됩니다. 반대로 헤지후 환율이 10% 상승한 경우에도 미헤지 부분에서 4%(= 10%×0.382)의 추가 수익이 발생하여 최종 손익은 9%가 됩니다. 환율이 ±10% 내외로 변동하는 경우에는 손실을 보지 않습니다.

끝으로, 기업의 환위험 관리기법(헤징 수단)에 대해 살펴보겠습니다. 기업이 선택할 수 있는 다양한 헤징기법을 기업 내부적으로 사용할 수 있는 내부적 기법과 금융시장에서 계약을 통해 사용할 수 있는 외부적 기법으로 구분합니다. 내부적 헤징기법에는 매칭, 상계, 리딩과 래깅, 가격조정, 자산과 부채 종합관리 등이 있습니다. 반면에 외부적 헤징기법은 선물환, 통화선물, 외환스왑, 통화스왑, 통화옵션, 단기금융(차입과 대출), 환변동보험[7] 등이 있습니다.

기업이 헤징수단을 선택할 때, 내부적 기법을 먼저 적용하고 나머지 환노출에 대해 외부적 기법을 이용하는 것이 일반적입니다. 그리고 환위험의 유형별로는 적절한 헤징수단을 다르게 선택하여 헤징을 합니다.

많이 사용되는 선물환계약을 이용하는 헤징의 사례를 들어보면요. 선물환(선도환)은 미래의 시점에 정해진 가격(선물환율)으로 외환을 거래 상대방에게 인도하는 계약을 은행과 체결하고 계약 만기에 계약한 외환의 인수도 및 결제가 이루어집니다.

예를 들어, 한국 기업이 미국 수입업자로부터 2개월 후에 1백만 달러의 수출대금을 받을 때 현재 환율은 달러당 1,100원이고, 2개월 만기 선물환 환율이 1,110원이며, 장래 만기의 환율이 1,010원이라면, 환노출액 전체를 완전 헤징을 하는 경우의 선물환 헤징의

---

[7] 한국에서 2000년 2월에 도입된 제도로서 보험을 가입할 때 특정 환율로 결제하기로 계약하고, 이후에 환율이 하락하는 경우에만 그 손실을 보상받고 환율이 상승하면 그 차익을 보험회사에게 주는 방식을 따르면서 환위험을 헤징합니다.

효과는 어떻게 될까요? 한국 기업은 외환포지션이 수출대금 1백만 달러 매입이므로 선물환 1백만 달러 매도 계약을 체결하면서 환위험을 헤징합니다. 그 결과, 선물환 헤징을 통해 11억 1천만 원(= 1백만 달러×1,110원)을 확보하게 됩니다.

따라서 헤징을 하지 않은 경우 만기 수취금액인 10억 1천만 원(= 1백만 달러×1,010원)이므로 선물환 헤징효과는 1억 원(= 11억 1천만 원 - 10억 1천만 원)입니다. 반대로, 장래 만기의 환율이 1,160원으로 상승한다면 사전적 헤징효과 대신 5천만 원의 환차익을 포기하는 손해를 감수해야 합니다.

환율변동의 경제적 영향

　국가마다 사용하는 통화가 다르기 때문에 환율은 여러 국가들 간의 가격과 수익률 비교를 가능하게 해줌으로써 국가별 상품과 투자안의 상대적인 비용을 평가할 수 있어서 무역과 여행 및 해외투자에서 더 나은 의사결정을 용이하게 해줍니다. 따라서 환율 변동과 관련된 다양한 원인과 결과를 주시하고 분석하여 최선의 의사결정을 내려야 합니다.

　환율 변동은 여행객뿐 아니라 재화의 수출입, 외국 증권 등을 매매하는 해외투자 그리고 외국에 지사와 공장을 설립하거나 비즈니스를 하는 해외직접투자에 큰 영향을 미칩니다. 따라서 환율이 국제경제에 미치는 영향력을 이해하고 대처방안을 파악하는 것은 경제 안정과 성장을 위해 필요합니다. 환율의 경제적 효과를 정리해보면요.

첫째, 환율의 변동은 수출과 수입 가격경쟁력에 영향을 미치면서 국가 간 무역을 촉진시켜줍니다. 다른 조건이 일정할 때 환율이 상승하면, 수출 상품이 외국시장에서 저렴해져 대외가격 경쟁력이 높아지므로 수출이 증가하고, 수입 제품은 국내시장에서 비싸져 수입이 감소합니다. 반대로 환율이 하락하면, 대외가격 경쟁력이 낮아지므로 수출이 감소하고 수입이 증가합니다.

예를 들어, 원-달러 환율이 달러당 1000원에서 900원으로 하락하면, 달러화 표시 해외판매가격이 더 비싸져서(1000원짜리 수출재가 1달러에서 약 1.11달러가 됨) 수출이 감소하는 반면 달러화 표시 수입가격은 원화로 더 저렴해지므로(1달러짜리 수입재가 1000원에서 900원이 됨) 수입이 증가합니다. 참고로 이는 교역재 가격에 대한 환율변동의 완전한 전가를 가정한 경우입니다.

또한, 원-달러 환율이 상승하면, 상품을 해외 판매하고 달러화 결제대금을 받기로 한 수출업자는 환차익을 보겠지만 외국상품을 구매하고 달러화 대금을 지급하기로 한 수입업자는 환차손을 입습니다. 반대로 원-달러 환율이 하락하면, 수출업자는 환차손을 보지만 수입업자는 환차익을 얻습니다.

이와 같이, 환율변동은 수출입 가격경쟁력에 따른 국제무역을 통해 경제에 영향을 미치게 됩니다. 예컨대, 환율상승은 대외 가격경쟁력 제고로 수출증가와 수입 감소를 이끌어 무역수지(순수출)나 경상수지를 개선하므로 총수요를 증가시켜 총공급(총생산)이나 국민소득을 증가시킵니다. 반면 환율상승이 교역조건을 악화시켜 국민후생이 감소되기도 합니다. 교역조건이란 수입가격 대비 수출가격의 비율로서, 한 국가의 교역조건이 증가할수록 수출을 통해 받은 것이 수입을 통해 지불하는 것보다 더 크기 때문에 이득을 봅니다.

반대로 환율하락은 경상수지 악화로 총수요를 감소시켜 소득을 감소시킵니다. 반면 환율하락이 교역조건을 개선시켜 후생을 증대하기도 합니다.

둘째, 환율의 변동은 해외자산 평가에 영향을 미치면서 국가 간 자본이동을 촉진시켜줍니다. 다른 조건이 일정할 때 예상 환율이 상승하면, 해외자산이 원화 같은 국내통화 가치 하락으로 인해 수취금액이 늘어나므로 해외자산 투자가 증가하고, 외국인의 국내자산 투자는 감소할 것입니다. 반대로 기대 환율이 하락하면, 국내의 해외자산 투자가 감소하고 외국인의 국내자산 투자는 증가할 것입니다.

또한, 환율 변동은 보유한 대외 부(=대외자산-대외부채)의 가치를 변화시킵니다. 예를 들어, 국내기업이 미국 주식 1,000주를 대외자산으로 보유한 경우 그 주가가 10달러에서 8달러로 떨어지면 현재 원-달러 환율이 1,000원일 때 대외자산은 1천만 원에서 8백만 원으로 낮아져서 자본손실이 2백만 원에 달합니다. 이것은 가격효과입니다. 반면, 주가가 여전히 10달러이지만 원-달러 환율이 1,000

원에서 1,300원으로 급등하면 대외자산은 1천만 원에서 1천 3백만 원으로 높아져 자본이득은 3백만 원이 됩니다. 이것은 환율효과입니다.

그러므로 원-달러 환율이 상승하면, 국내의 달러화 자금을 빌려준 채권자나 달러화 자산에 투자한 투자가는 환차익을 보겠지만, 달러화 자금을 차입한 채무자나 달러화 자산을 매각한 투자가는 손해를 봅니다. 반대로 원-달러 환율이 하락하면, 국내 채무자는 달러화 대외채무가 원화가치 상승으로 상환비용이 감소하기 때문에 이익을 얻지만, 국내 채권자는 달러화 표시 대외채권이 원화가치 상승으로 인해 수취금액이 감소하므로 손해입니다.

이와 같이, 환율변동은 대외자산 평가에 따른 국제자본이동을 통해 경제에 영향을 미치게 됩니다. 예컨대 다소 애매할 수 있지만 환율상승의 경우 외국인이 보유한 자산의 가치가 국내 대비 상대적으로 더 높기 때문에 이를 활용해 국내에 투자한다는 관점에서 보면요. 환율상승은 자본유입을 증가시켜서 투자 및 총수요를 증가시키면서 국민소득을 증가시킵니다. 반면에 환율상승은 외채 상환부담의 가중과 신용차입의 감소로 경제에 해롭습니다.

반대로 환율하락의 경우 국내 사람들이 보유한 자산의 가치가 해외자산 대비 더 높아져 이를 활용해 해외자산에 투자한다는 관점에서 보면, 환율하락은 자본유출을 증가시켜서 투자 및 총수요를 감소시키면서 소득을 감소시킵니다. 반면에 환율하락은 외채 상환부담의 경감과 신용차입의 증가로 경제에 유익합니다.

셋째, 국제수지가 흑자나 적자 불균형 상태에 있을 때 환율의 국제수지 조정 기능에 따라 균형을 이룰 수 있습니다. 참고로, 한국의 국제수지란 일정기간 동안 거주자(한국 국민과 한국 거주 외국인)와 타국의 거주자 사이에 발생한 모든 대외거래를 체계적으로 기록한 것입니다. 국제수지는 경상수지(상품 및 서비스 실물거래 기록)와 자본수지·금융계정(자본이동 거래 기록)의 합을 말합니다.

전통적인 국제수지 조정 메커니즘인 탄력성 접근방법에 따르면, 경상수지가 적자상태 경우 외환공급 감소로 환율이 상승하면서 외화표시 수출가격은 하락하는 동시에 외화표시 수입가격은 상승함에 따라 수출이 증가하고 수입이 감소하여 경상수지가 개선됩니다. 반대로 경상수지가 흑자인 경우 외환공급의 증가로 환율이 하락하면서 수출가격은 상승하고 수입가격은 하락함에 따라 수출이 감소하고 수입이 증가하여 경상수지가 균형으로 되돌아갑니다. 환율변동은 수출입 상대가격의 변화를 통해 국제수지의 불균형을 조정하여 균형에 도달하게 해줍니다.

그런데 경상수지가 적자 상태에서 외환수요 증가 혹은 외환수급으로 환율이 상승하면, 수출가격 하락에 의한 가격경쟁력 향상을 통해 수출량을 증가시켜 수출액을 증가시키는 반면 수입물가의 상대적 상승을 통해 수입액을 감소시킴에 따라 경상수지가 개선됩니다. 그렇지만 환율상승에 따른 수입물가의 상승은 국내물가를 상승시켜 실질환율 하락(실질 평가절상)을 초래할 수 있으므로 수출을 감소시킬 수도 있습니다. 결국, 환율상승에 따른 경상수지의 개선 여부는 환율상승에 의한 수출가격 인하로 증가된 순수출 효과에 대한 수입물가 상승으로 국내물가의 상승 및 이로 인한 수출품의 원가상승 압력이 어느 정도 작용하는가에 따라 결정된다고 할 수 있습니다.

따라서 환율상승(평가절하)이 경상수지의 적자를 개선하기 위해서는, 장기적으로 마셜-러너 조건을 충족시켜야 합니다. 마셜-러너 조건이란 실질 환율에 대한 자국 수입수요의 탄력성과 자국 수출공급의 탄력성(외국 수입수요의 탄력성)의 절대 값의 합이 1보다 커야 됨을 말합니다. 이는 환율상승에 따른 가격 하락에 비해 수량이 큰 폭으로 변하는 수요의 가격탄력성이 커야 경상수지가 개선된다는 것을 나타냅니다. 또한 소득변동에 따른 수입변화를 고려한 마셜-러너 조건에 따르면 자국의 수입수요의 탄력성과 수출공급의 탄력성의 절대 값의 합에서 소득증가에 따른 한계수입성향을 공제한 값이 1보다 클 때 환율상승이 경상수지를 개선된다는 것을 나타냅니다.

단기적으로는 J-커브 효과가 존재하지 않아야 환율상승이 경상수지를 개선할 수 있습니다. J-커브 효과란 환율상승 초기에는 무역수지나 경상수지가 일시적으로 악화되다가 일정기간이 경과한 후 개선효과를 보이는 조정과정을 말합니다. 왜냐하면 환율상승에 따른 가격변동은 즉각적으로 조정되는데 비해 수량변화는 상당한 기간이 소요되기 때문입니다. 수출과 수입의 가격변동과 수량변동 간의 시간적 격차가 발생합니다.

최근 들어 환율변동의 효과가 전통적 견해와 다소 차이도 보이고 있습니다. 환율상승에 따른 수출가격 경쟁력이 늘어난 중간재 수입비용의 증가에 의해 일부 상쇄되기 때문에 환율상승이 (순)수출을 촉진하기가 어려울 수 있습니다. 환율의 수출탄력성이 낮아졌다는 말입니다. 또한, 환율변동으로 인해 수출입 재화의 가격이 변하는 정도를 의미하는 환율전가가 실제로 불완전하므로 환율상승에 따른 가격변동의 효과가 낮거나 느리게 나타납니다.

넷째, 장기적으로 환율변동은 국제무역을 통해 국내의 물가나 인플레이션에도 영향을 미칩니다. 다른 조건이 고정일 때 환율이 상승하면, 국내 수입품 가격이 상승합니다. 이는 소비자 물가지수의 상승으로 이어질 수 있습니다. 즉, 환율상승으로 완성재 수입가격 및 중간재 수입가격이 상승하면 인플레이션이 증가합니다.

환율이 무역을 통해 인플레이션에 미치는 경로를 살펴보면요. 직접적으로, 환율상승은 수입대체 완성재의 수입가격을 상승시켜 소비자 물가를 상승시키고, 또 중간재 수입가격 상승 및 노동수요로 늘어난 임금상승 같은 생산비용을 상승시켜 인플레이션을 확대시킵니다. 간접적으로 환율상승은 순수출을 통한 국내 생산품의 수요를 증가시켜 인플레이션에 영향을 미칩니다. 그 결과, 경제는 투자와 총수요 감소 등의 인플레이션 폐해를 경험할 수 있습니다.

더 나아가 글로벌 가치사슬 무역을 통한 국가 간의 연계성이 확대되어 최근에 여러 나라에서 인플레이션 동조화 현상이 나타나고 있습니다.

5장

행복해지는 사랑의 리치

자본주의 정신의 변천: 보수와 진보 사이의 경제적 갈등

자본주의 경제와 그 기초인 자유주의 사상은 개개인에게 자유함과 물질적 풍족함을 가져다주었습니다. 그러나 치명적인 결함이 존재합니다. 자본주의는 봉건체제의 신분적 지배관계가 해체되면서 생성되었지만 그것은 자본에 의한 지배 권력관계가 형성될 수 있다는 점입니다.

초기 자본주의 경제에서는 산업화에 따른 경제적 풍요로움의 혜택 뒤편에서, 자본가는 자금투자와 공장 생산의 피드백을 통해 큰 수익을 얻고, 도시 노동자가 고용 근로로 소득을 얻어 생활하는 과정에서 경제적 지배 관계가 만들어졌습니다. 자본가(기업)는 자금을 투자해 수익 추구적 생산을 조직하는 과정에서 노동을 착취하여 실업을 초래하기도 했습니다. 이와 같이, 자본가와 노동자 간의 빈부격차 심화, 노동력 착취 등으로 갈등이 커졌습니다.

자본가와 노동자 계층 간의 새로운 형태의 경제권력 지배적 관계는 마르크스의 공산주의가 나타난 배경이 되기도 했습니다. 마르크스주의는 자본주의 시장경제가 사람들의 욕망을 충족시키지 못하고 오히려 빈부격차를 심화시킨다는 시각 하에서 자본주의 경제에 대해 부정적이었습니다. 그래서 자유시장과 사유재산제를 폐지한 공산주의를 옹호하였습니다.

자본주의 경제는 오랫동안 다양한 시대를 거쳐 진화하면서 전 세계로 확산되었습니다. 자본주의의 세계화는 유럽 식민지 시대의 중상주의, 근대의 자유방임 자본주의, 2차 대전 이후의 탈 식민지화와 국가 주도 자본주의, 20세기 후반 경제적 세계화와 다국적기업 주도 자본주의, 현대 중국의 국가 자본주의로 나타났습니다. 이는 자본주의가 반복적인 형태의 형성 및 성장하는 능력을 보여주는 것입니다. 그 결과, 물질적 풍요로움의 혜택 뒤편에서는 소득과 부의 불평등 심화, 환경 악화 및 사회 분열 등을 비판하는 갈등을 야기하고 있습니다.

근대 자유주의에 기초한 자본주의 경제의 역사적 진화과정을 살펴보겠습니다. 자본주의는 18세기에 형성되기 시작해 산업혁명으로 부상하였습니다. 영국의 산업혁명은 기술혁신과 대량생산을 이끌어냈고, 동시에 농업개혁은 농촌 인구의 도시로의 대대적 이동을 초래했습니다. 생산이 가정에서 공장으로 이동함에 따라 생산수단을 소유한 기업 자본가 및 임금 노동자를 만들었습니다.

이후 19세기에, 자본주의는 정부의 간섭이 제한된 자유방임 자본주의로 진화했습니다. 이 자유방임 경제에서 기업들은 최소한의 규제로 생산 운영되었고, 정부는 법과 질서의 유지를 제외한 시장개입은 제한되었습니다. 이 시대에는 경제 발전을 이루었지만 자본가와 노동자 간 경제적 불평등, 노동자 착취, 반복적인 경제위기를 겪었습니다.

근대 자유주의 사상은 자유방임 자본주의의 경제적 자유주의로 나타나, 아담 스미스, 리카도 등의 고전학파 경제학에 영향을 주었습니다. 이들이 정립한 고전 경제학은 경제의 성장과 발전에 대해 설명하였고 일정부분의 성과를 보였습니다. 또한, 개인의 사익추구 동기에 따른 자율적 경제행위가 어떻게 사회구성의 변화를 가졌다 주었는지에 대해 고찰하였습니다.

보수주의는 시대와 문화에 따라 상대적인 다양한 의미를 가져서 단일한 이념 체계로는 파악하기 어렵지만, 자유방임 자본주의에 뿌리를 둔 보수주의의 경제관념은 주로 소득분배보다 시장 경쟁과 공급 위주의 경제성장을 중시합니다. 그리고 점진적인 개혁을 추구하며, 세금을 낮추고 규제를 완화내지 철폐하며, 정부의 민간경제 개입을 최소화하여, 시장에 더 많은 자유를 보장해줄 것을 주장합니다.

20세기 전반부까지, 자유방임 자본주의의 부정적인 결과가 1930년대의 대공황을 격변기로 많은 서구 국가들에서 자본주의의 수정으로 이어졌습니다. 수정 자본주의는 국가가 사회적 불평등과 경제적 불균형을 방지하기 위해 시장에 개입해 균형 있게 조정하는 역할을 하는 복지 자본주의입니다. 이 시대에는 정부가 나서서 경제 위기를 극복하고 경제를 활성화하며, 노동자의 권익을 보호하고, 사회복지 프로그램을 도입했지만 기업을 규제하여 성장의 둔화를 초래했습니다.

수정 자본주의는 케인즈가 정립한 경제학으로 나타났습니다. 케인즈 경제학은 기존 총공급 위주의 경제성장에 대한 확신을 유지할 수 없었으며, 총수요와 경기변동에 대한 정부의 개입을 적극 고려하게 되었습니다. 적극적인 정부 주도의 경제를 도입한 결과로, 시장개입을 통해 투자의 유지와 불경기에서의 회복을 얻고자 하였습니다. 또한, 복지 정책을 통해 인간의 기본 생활 보장을 도모하는 복지국가를 지향하였습니다.

수정 자본주의에 따른 진보주의의 경제관념은 경제적 평등과 사회 변화를 추구합니다. 정부의 적극적인 시장개입 역할, 불평등 경제문제를 해결하려는 재분배, 경제 약자의 처우 개선을 주장합니다. 그러나 경제 정의를 실현하기 위한 시장 규제나 가격 통제는 경제의 효율성을 떨어뜨려 자원배분을 왜곡시킬 것입니다.

20세기 후반, 경제성장이 억눌리고 복지가 너무 커진 폐해를 자유시장의 우위로 회복하기 위해 신자유주의 자본주의의 형태로 변화가 일어났습니다. 신자유주의는 정부의 역할을 시장 운영에 유리한 환경 조성에 국한시키고 자유시장을 신봉하는 경제기조로서 상당한 규제 완화, 국영기업의 민영화, 국제무역과 국제금융의 자유화를 수반했습니다.

신자유주의의 보수주의 경제를 국내외에서 추진한 결과, 국가경제와 세계경제의 비약적인 성장을 촉진했습니다. 그렇지만 국내 및 국가 간 소득과 부의 불평등 악화, 경제 불안정 야기, 환경문제 우려의 비판을 받았습니다.

본질적으로, 19세기와 20세기에 걸친 자본주의 경제의 진화는 개인 자유와 국가 역할 간의 균형, 경제적 효율성, 사회적 형평성을 맞추기 위한 노력이었습니다. 경제적 갈등에 대해 다양한 견해가 존재하지만 보수와 진보로 구분해 요약해보면요.

일반적으로, 보수주의가 추구하는 가치는 자유, 안정, 경쟁, 성장 등입니다. 보수는 현재의 삶을 크게 변화시키기보다 안정시키는데 초점을 맞춥니다. 왜냐하면 경제 사회는 자발적인 정화 질서를 통해 점차 진화 성장한다고 생각하기 때문입니다. 이에 따라, 작은 정부, 개인과 기업의 자율적 행동과 책임, 자유 시장, 전통적 가치, 강한 국방, 고용의 유연성, 권위 존중, 세금 인하와 재정건정성 등을 강조합니다. 그리고 소수의 자본 권력은 보수주의 정치와 연계되어 있습니다.

반면, 진보주의가 추구하는 가치는 평등, 변화, 공정, 인권 등입니다. 진보는 당면한 체제를 바꾸어 삶을 개선해 나가는 것에 초점을 둡니다. 왜냐하면 국가가 인위적으로 정책과 제도를 통해 경제사회를 발전시킬 수 있다고 생각하기 때문입니다. 이에 따라, 정부의 개입 역할과 큰 정부, 개인과 사회의 자유, 인권, 공공복지, 고용의 공정성, 진보적 정책(소득 재분배, 환경 보호 등), 다문화주의 등을 강조하고 있습니다. 그리고 다수의 참여 권력은 진보주의 정치와 연계되어 있습니다.

고령화 경제에서 행복한 어른이 되기

인구의 소멸과 고령화 과정에서 인구구조 변화에 따른 세대 간 불균형해진 문제가 가시화 되고 있습니다. 인구 소멸은 엄청난 저출산 현상에 따라 인구가 격감하는 현상입니다. 고령화 현상은 세계대전 이후 태어난 1946~1965년생 베이비붐 세대가 노인인구에 편입되면서 급격히 빨라지고 있습니다.

한국은 저출산·고령화 추세에서 출생아수가 1970년에 1,006,645명, 1995년에 715,020명, 2022년에는 249,186명으로 크게 줄었습니다. 합계출산율은 0.78입니다. 그리고 전체인구 중에서 65세 이상 인구비중은 2023년에 18.4% 정도입니다. 반면 일본은 2011년에 노인인구가 23.3%로, 유럽 주요 국가는 2004년 17.3%에 달해 초고령 사회에 진입한 상태입니다.

장기적인 인구구조의 변화에 따라 노년층과 청년층 간의 고용, 주거복지 등 생활 안정이 더 커진 이슈가 되고 있습니다. 예를 들면, 노년세대와 청년세대 간의 고용배분이 불공평해지고 있습니다. 또한, 영양·보건 개선과 의료 발전에 따른 평균수명의 연장 등의 이유로 고령화가 진행되고 있는 선진국 장수사회에서 노인들은 부양의 대상으로 안주하기 보다는 자율적 생활 안정을 통해 유엔의 노년행동계획처럼 각자 삶의 행복을 지켜나가야 합니다.

노화가 진전될수록 건강 악화나 경제력 부족으로 인해 행복감이 감소하기 때문에 노인층의 행복이 낮은 편입니다. 그러나 선진국에서는 노인이 느끼는 행복감은 높다고 합니다. 쾌적한 생활환경에서 평균수명의 연장으로 장수할 수 있고, 재산을 사용해 건강의 노화를 완화시키고 늘어난 여가를 즐길 수 있기 때문입니다.

국가경제에서는 고령화가 부정적인 영향을 미칩니다. 저출산과 함께 고령화로 은퇴인구가 폭증하여 노동량이 감소하면, 소비 등 총수요 및 총공급을 감소시킬 뿐 아니라 노인에 대한 공적연금과 보건의료 같은 부양비용이 증가하게 됩니다. 그러나 연금과 건강보험료를 납부할 생산가능인구가 줄어듬에 따라 국가재정이 악화됩니다. 이에 따라, 고령사회로 갈수록 경제구조가 위축되어 경제성장이 둔화될 것입니다.

다시 말하면요. 고령화 현상이 총지출을 감소시키는 이유는, 소비가 소득이 줄어 감소하고 고령층 선호 패턴으로 변화되며, 투자가 저축이 줄어 감소하며, 정부 재정이 복지지출 확대로 약화되며, 경상수지는 저축이 투자보다 작아 적자가 될 수 있기 때문입니다. 고령화가 총생산을 감소시키는 이유는, 생산 가능한 노동공급이 감소되며, 총지출이 감소되기 때문입니다. 또, 고령화는 저축률을 하락시켜 투자할 자본량을 감소시키고 자산시장을 위축할 수 있습니다.

이와 같이, 고령화는 총수요와 총공급 경로 및 금융자본시장을 통해 동시에 경제를 둔화시킵니다. 생산가능인구가 빠르게 감소하면 노동자 1인당 자본이나 자연자원의 양이 늘어나면서 생산성이 높아질 수도 있겠지만 인구가 줄어들면 과학자와 엔지니어들이 감소하기 때문에 기술진보가 둔화되면서 생산성이 낮아지게 됩니다. IMF에 따르면, 고령층 인구가 1% 증가할 때 국민의 생활수준을 나타낸 1인당 실질GDP가 약 0.04% 감소할 것으로 추정했습니다.

고령화의 경제적 영향력은 국가마다 인구와 경제의 구조적 차이 때문에 다를 수 있습니다. 일본과 유럽이 큰 타격을 받고, 한국, 미국 순으로 충격을 받을 것이라는 전망이 있습니다. 이를 보완하기 위한 조치로서, 수명연장에 맞춘 정년연장을 통한 노동력 증가, 양질의 고용을 통한 생산가능인구의 저축과 세수의 증대로 자본량 증가와 재정 확충, 연금제도와 보건복지 등의 포괄적 개선이 필요합니다.

오늘날 국가마다 노인의 복지욕구에 대응하여 다양한 복지정책을 시행하고 있습니다. 노인복지정책은 넓은 의미에서 사회보장제도의 한 부분에 속합니다. 사회보장제도란 사회구성원을 질병, 실업과 빈곤, 노령 등의 위험으로부터 보호하여, 국가가 책임을 지고 최저 생활을 보장해주는 제도입니다.

사회보장제도는 사회보험, 공공부조, 사회복지서비스로 이루어져 있습니다. 사회보험은 수혜자가 납부한 기금을 통해 질병, 실업 등의 재해가 발생할 때 급여를 제공합니다. 공공부조는 국민기초 생활보장, 기초노령연금 등을 통해 빈곤층에게 최저 생활을 지원해주는 것을 말합니다. 사회복지서비스는 아동복지, 장애인복지, 노인복지 등 사회의 취약계층이 정상적 생활을 하도록 지원하는 것입니다. 사회보장제도나 복지를 통해 어르신의 빈곤율은 개선되고 있지만 절반 이상의 노인은 소득이 부족해 근로를 희망한다고 합니다.

한국의 경우, 2022년도 경제활동참가율(경제활동인구가 노동가능인구나 전체 성인인구에서 차지하는 비율)이 15세 이상은 63.9%이고 55세 이상은 53.1%입니다. 그리고 15~54세는 임금근로자가 82.9%(상용직 65.6%)이고 자영업자가 17.1% 이지만 55세 이상은 임금근로자가 62.9%(상용직 35.1%)이고 자영업자가 37.1%입니다. 이에 따라, 미취업 청년들에게 좌절감을 줄 수 있는 법정 정년을 연장하는 것과 함께, 55세 이상 임금근로자의 상용직은 증가시키고 자영업자는 줄여서 안정되게 은퇴 후 소득을 충분히 축적하도록 유도할 필요가 있습니다.

한국은 노인 일자리 사업과 국민연금의 필요성을 위시로, 노인

소득보장 차원에서 기초노령연금, 경로우대, 노인고용을 시행하고 있으며, 의료보장 차원에서는 노인장기요양보험을 제공하고, 사회서비스보장 차원에서 노인복지서비스, 노인복지상담과 치매상담, 경로당, 노인교실, 노인 권익옹호 등을 실행하고 있습니다. 그렇지만 UN의 고령화대응지수에 따르면 고령화에 대한 준비가 덜됐고, 미국 국제전략문제연구소의 고령화준비지수에 의하면 노후소득의 적절성이 부족합니다.

저출산·고령화로 인한 힘든 현재 상황에서 우리는 모두 풍요롭게 사는 웰빙과 더불어 인간답게 늙어가는 웰에이징 및 인간답게 죽는 웰다잉을 각자 실천해나가는 것이 중요해 보입니다. 노화를 능동적으로 받아들여 생활을 조금씩 바꿔나가는 행동 및 피할 수 없는 죽음에 대한 준비로서 삶을 정리하는 행동은 건전한 경제행위로 이어질 것입니다.

이와 같이, 장기적인 고령화에 따른 부정적인 영향을 미리 대비 및 대응하여 부작용을 최소화하면서 바람직한 방향으로 나갈수록 어른들은 행복해질 것입니다.

자본주의경제와 민주주의 사이의 불공평한 충돌

우리의 경제적 선택에는 항상 무엇인가를 포기해야 하는 대가가 뒤따릅니다. 경제사회에서 직면하는 중요한 선택으로서 효율성과 형평성 간의 상충관계를 들 수 있습니다. 경제 불평등 문제를 심각하게 보는 사람들이 많아지고 있기 때문입니다. 한국에서도 사회 갈등의 원인을 빈부 격차로 꼽는 사람의 비중이 점점 늘어나서 2021년도에 약 27%를 차지했습니다. 이외의 사회 갈등의 원인은 개인·집단 간의 이해 부족(약 23%), 당사자의 이익 추구(약 19%) 순으로 나타났습니다.

가용자원의 희소성 하에서 능력과 전문성 및 경쟁을 통해 효율성을 증가하면 경제와 산업을 성장시키지만 혜택의 결실이 자본 지배력을 가진 대기업이나 자본가에게 집중되어 빈부 격차와 중산층 하락을 심화시켜서 사회적으로 형평성이 감소하게 됩니다. 반대로, 사회복지, 누진과세 등의 확대를 통해 소득분배의 형평성을 높이면, 직무 능력별 보상이 줄어들고 비능력자에 지불비용이 늘어나 효율성이 떨어집니다.

물론, 기득권이나 집단의 이기적인 밥그릇 싸움이나 패거리 의사 결정 같은 스탠더드가 부족한 행위는 조직 및 국가의 효율성과 형평성을 모두 낮추어 성장 및 발전을 저해합니다.

무엇보다도, 경제가 우선적으로 강조하는 효율성은 사람들의 풍요로움 욕구를 충족시키기 위해 희소한 자원으로부터 최대의 효과를 얻는 것인데요. 효율성을 강조해온 결과, 능력 및 경쟁에 따라 가져가는 분배 소득이 차이가 나고, 축적한 재산의 격차가 자본소득의 운용으로 점점 커지기 때문에 이러한 구조적 부작용을 보완하기 위해 형평성을 추구하게 됩니다. 이에 따른 형평성이란 효율성을 강조해 나타난 경제적 번영의 혜택을 사회 구성원들에게 공평 혹은 균등하게 분배하려는 속성을 말합니다.

다시 한번, 경제가 발전해 선진국으로 커져갈수록, 사람들 간의 소득과 부의 차이가 점차 커지는 이유에 대해 살펴보겠습니다. 왜 이런 차이가 날까요?

먼저, 한 나라의 국민소득을 임금소득과 자본소득의 합으로 나타낼 수 있습니다. 이때, 임금소득은 많은 사람들이 일하고 받는 중요한 수입원인 노동소득입니다. 임금소득이 저축을 통해 자본으로 축적되면 주식이나 부동산 등의 투자를 통해 자본소득을 추가로 얻을 수 있고 이러한 과정에서 자산을 소유할 수도 있는데 그 재산을 부라고 합니다.

그런데 임금소득이 자본소득에 비해 소득보수 성장률이 대체로 낮다고 합니다. 기업 경영, 부동산 임대 등으로 얻는 자본소득의 보수 상승률이 임금소득에 비해 더 높다는 것은 소수의 자본가가 더 높은 수입을 얻고 더 많은 자본을 축적할 수 있음을 의미합니다.

다수의 근로자와 소수의 자본가 사이에 소득과 부의 격차가 더 커지게 된다는 것을 캐주얼하게 말하면요. 축적한 재산이 많은 부자들은 일반 서민에 비해 자본소득을 더 쉽게 얻으면서 재산을 더 많이 늘려나갈 수 있다는 것입니다. 국민경제에서 자본의 수익률이 경제성장률보다 높아지면 경제적 불평등이 그에 비례해 늘어난다고 피케티는 주장합니다.

무엇보다, 한 사회의 소득과 부의 격차 같은 불평등은 사람들이 각자 개별적으로 경제활동을 한 결과인데요. 사람들 간에 소득과 부의 차이가 나는 근본적 원인은 개인적 요인과 사회적 요인으로 구분해볼 수 있습니다. 개인적 요인(개인의 재능, 노력, 운, 상속받은 재산)과 사회적 요인(사람에 영향을 미치는 금융, 교육, 노동, 세금 등의 정책 및 법제도)이 복합적으로 작용하면서 소득과 부의 격차가 심화된다는 말입니다.

이에 따라, 사람들 간의 경제적 격차를 개인적인 책임이라고만 말할 수가 없는 것입니다. 실제로, 소득과 부의 불평등을 측정해주는 10분위법, 로렌츠곡선, 지니계수 등의 측정 방법에 관계없이, 한국을 비롯한 선진국에서는 소득과 부의 분포 격차가 점점 더 커져서 불공평해지고 있습니다. 여기서 10분위법은 최하위에 속한 40% 소득계층의 소득점유율을 최상위 20% 소득계층의 소득점유율로 나눈 비율이며, 로렌츠곡선은 누적 인구에 따른 누적 소득의 비율로서 균등소득 분배선과 비교하며, 지니계수란 로렌츠곡선을 숫자로 나타낸 것입니다. 한국의 2012년도 지니계수는 0.35로서 OECD 회원국 평균치 0.31보다 소득불균형이 높았습니다.

그러면 사람들 간의 소득과 부의 심각한 차이 혹은 빈부 격차는 왜 큰 문제일까요?

첫째, 국민경제의 안정성에 영향을 미칩니다. 예로써 소득 격차로 더 많은 사람들이 재정적으로 어려움을 겪을 때, 전반적인 소비 지출 및 저축과 투자를 줄이므로 경제를 약화시킵니다. 또한, 일부 부자가 자본력을 동원한 권력을 휘두르거나 투기적 행위를 함으로써 시장 질서를 왜곡시킵니다.

둘째, 사회적 불평등이 중대한 문제를 초래할 수 있습니다. 예로써, 경제적인 신분 차이로 인식된 사회적 불평등은 사회불안, 혐오 범죄, 사회 이동성 감소 등을 초래할 수 있습니다.

끝으로, 우리가 살고 있는 자본주의 경제와 민주주의 체제 간의 상충하는 문제점을 생각해보겠습니다. 현대 경제가 안고 있는 불평등 문제를 현대 사회의 이상적인 민주주의가 통제해줄 수 없기 때문에 경제 권력과 소득의 양극화 및 참여 권력에 관심을 갖고 지적하게 됩니다. 불평등 해소를 위한 정부의 정책적 노력이 필요하다는 말입니다.

자본주의 경제는 우리의 생활에서 먹거리도 많고, 좋은 옷을 입게 하고, 국내외 여행도 많이 가게해주는 것처럼 경제적 풍요로움을 가져다주어 사람들을 행복하게 해줍니다. 그러나 가난, 빈부격차, 중산층 몰락 같은 경제적 불평등이 점차 심각해지고 있습니다. 경제적 풍요로움에 상충하는 가장 큰 불공평한 문제는 사람들 혹은 국가들 간의 소득과 부의 격차가 더 심화되는 경제적 불평등이 크다는 것입니다. 그밖에도 환경오염, 초국가기업의 이익착취, 과도한 소비자 지상주의 등의 문제가 있습니다.

이에 반해, 자본주의 경제와 잘 어울리는 자유 민주주의는 모든 사람들이 타인의 억압 없이 자유롭고 남녀노소 평등하여 인간적인 삶을 누리게 해줍니다. 그렇지만 개인의 자유 보장과 정치적 평등 가운데 다수결 의사결정에 따른 소수그룹의 배제나 핍박이 커다란 불공평한 문제입니다. 다수결 투표 이외에도, 수많은 사람들이 시위, 파업 등을 통해 참여적 권력을 휘두르면서 이득을 취하기도 합니다.

21세기 경제 패러다임에서 책임지는 행복

우리는 수많은 사람들이 열심히 땀을 흘리면서 올바르게 살아도 상대적으로 힘든 현실 상황을 다시금 생각해볼 필요가 있습니다. 사실 노력하는 것보다 더 중요한 게 있습니다. 열심히는 하는데 이런저런 부분에서 모자라서 성과가 안나고 내 노력만으로 목표를 이뤄나가기가 힘든 경험을 하게 됩니다. 여기서 필요한 것은 주변과 변화하는 경제를 보면서 내 위치를 명확히 하는 것입니다.

특히, 인공지능, 블록체인, 클라우드 등을 핵심으로 삼는 4차 산업혁명 시대의 경제 패러다임에서는 변혁적 역량을 중요시합니다. 변혁적 역량이란 미래의 불확실한 상황에 적응 및 대처하기 위한 자기 주도적 적용, 분석, 평가, 창의하는 역량입니다. 그러므로 미래 사회의 변화에 대응해 지속가능한 경제를 만들어가기 위해서는 경제의 시각과 운용체제도 변해야 합니다.

한편, 자본주의 경제는 효율성을 중시하여 경쟁 우선주의를 강조함으로 능력에 따라 그 보상 및 명예에 수준 차이를 두듯이 지속적인 경제적 계급화의 부작용을 낳고 있습니다. 경쟁사회의 능력주의에서는 승자와 패자 간 보상의 격차가 크고, 재산을 축적한 자본가와 전문성이 높은 엘리트 집단의 자기우선주의적 폐해 때문에 감사할 줄 아는 사회적 책임과 사랑이 필요하다고 생각합니다. 책임과 사랑으로 경쟁의 폐해를 보완해야 한다는 말이지요.

경제적인 책임과 사랑은 형평성과 포용성도 중시할 것입니다. 모든 사람에게 공평하게 자원을 나눠야한다는 형평성 원칙은 빈민구휼, 복지 등을 강조합니다. 그러나 경제는 희소한 자원으로부터 최대의 혜택을 얻으려는 효율성과 사회구성원에게 혜택을 균등하게 분배하려는 형평성 간에 서로 충돌하는 관계에 직면합니다. 경제에서 성과를 크게 하고자 다양성 및 경쟁을 통해 효율성을 높이면 형평성이 낮아지고, 사회적 형평성과 포용성을 높이면 효율성이 떨어질 수 있다는 말입니다.

지금 자본주의 경제가 잘 안된다면 어떤 변화를 모색하여 이를 지속가능하게 만들 필요가 있다고 생각합니다. 자본주의 경제를 대체할 대안이 없다면 현행 경제체제를 지속 가능하게 만드는 것이 우리의 책임입니다.

망망대해에서 배의 갑판위에 큰불이 나면, 여러분은 바다로 뛰어

들겠습니까? 어떻게 하는 것이 바람직할까요? 불안전한 바다로 뛰어 들어갈 필요가 있다고 봅니다. 즉, 우리는 위험에 처하면 그 위험을 인식하고 벗어날 변화를 선택해야 합니다. 그리고 잘 조작하여 위험 문제를 해결해나가야 합니다.

예를 들면, 1990년대 세계화의 추세에서 대부분의 국가들이 국가 간 자유로운 경제활동을 강조하여 세계경제가 발전할 때, 당시 선진국이던 이탈리아와 일본은 세계경제를 하나의 시장으로 나아가는 변화를 받아들이기 싫어한 결과, 지난 20여 년간 침체를 겪어왔습니다. 변화를 선택해야 할 때 머뭇거리거나 하던 대로만 하면 또 다른 위험에 처할 수 있음을 보여줍니다.

현재, 형평성 제고를 위해 부자에게 높은 누진세율 세금을 부과하여 보건복지를 늘려가는 소득 재분배는 기득권의 자기이익을 위한 압력, 저축과 투자의 위축에 따른 경기침체 부작용 등 때문에 경제 불평등이 충분히 조정되지 않고 있습니다. 그리고 자본주의 경제가 미래에도 지속 가능하려면 공정고용, 환경친화, 도덕윤리, 포용성 등을 더욱 강조할 필요가 있다는 주장이 나오고 있습니다. 경영, 무역통상, 법, 환경에너지, 회계 등 실무분야에서 강조되기 시작한 친환경·사회적책임·투명지배구조(ESG) 기업경영이 대표적입니다.

지금 확실한 것은, 부와 소득의 격차, 양질의 일자리 부족, 노동시장의 이중 구조 등에 따른 경제적 불균형과 취약성이 심화되는 문제는 우리의 경제사회 생활에 나쁜 영향을 미칠 가능성이 높습니다. 그것이 어떻게 일어날 수 있는지 정확이 알기 위해 더 많은 연구가 필요하지만 우선은 경제적 불평등이 심화되지 않도록 하는 것이 중요할 것입니다.

성장 효율성과 분배 형평성 간의 한쪽으로만 치닫는 경제사회는 많은 사람들을 힘들게 하기 때문에 균형을 이루어야 할 것 같습니다. 가게, 기업, 정부 간의 공동체 합의를 거쳐 경제사회의 문제점을 바람직한 방향으로 개선해나가야 합니다.

예를 들면, 민주주의 자본주의 경제에서 국민 복지를 높이려면, 공동체의 정체성을 강조하는 민족주의가 바탕으로 도움을 주지만 기득권의 안정에 반한 차별적 격차가 문제가 되므로 경제 소외층이나 이민자의 차별을 완화해주는 다문화주의로 보강해볼 수 있습니다. 또한, 복지를 높이면 세수 확대와 저성장 문제가 커지므로 공정한 보상을 통해 직무 지배구조의 비효율적 갈등을 해결하고, 연구·기술개발을 통한 양질의 일자리를 공급하면 효율성을 보완할 수 있을 것입니다.

오바마 대통령의 연설에서처럼 줄어든 소수가 매우 잘하고 늘어난 다수가 조금 성공할 때 나라 전체가 성공할 수 없습니다. 부시 대통령은 부자만 잘사는 나라는 더 이상 안 된다고도 말했습니다. 따라서 경제적 불평등이 격화되지 않도록 부유한 중산층이 많아져야 한다고 생각합니다. 현재, 인플레이션이 심각한 와중에 늘어나는 이민자와 기후변화에 대응하는 비용이 늘어남에 따라 중산층의 살림살이부터 챙겨야 한다는 주장이 힘을 받고 있습니다.

우선은 양질의 일자리 고용 확대를 통해 더 많은 사람들에게 소득을 증대시키고 격차사회에 따른 불균형과 취약성에 대해 정직한 고용과 공정한 보상을 책임지는 과정에서 교양 있게 행동하는 중산층이 많아지면 사회갈등이 줄어들고 안정되어서 자본주의 경제의 풍요로움 혜택을 지속할 가능성을 높여줄 것입니다.

이제 우리사회는 시대 변화에 부응하여 새로운 가치를 지향해 나아가야 하며, 이러한 가치를 실현하기 위해 기득권의 안정성과 지배력에 반한 다수의 서민 중간층의 기능과 역할을 재정립해야 합니다. 그래서 리더가 구성원들이 원하는 것을 추진하고, 정치인이 약자 마이너의 요구를 이용하고 포용해 갈등을 줄이듯이, 경제사회가 사람들의 수많은 의견을 지닌 시장을 통해 거울 이미지 효과를 나타내면서 발전해가야 할 것입니다.

열린 마음으로, 나와 메이저 강자(Tob Dog)의 장점은 배울 점을 찾아 지속해나가면서 나와 마이너 약자(Under Dog)의 단점은 보완해나가면 좋겠습니다. 목표로 한 무언가에 도달해있는 마이너 약자를 보면, 우리는 공감을 하고 소망을 가지면서 행복감을 느낀다는 걸 항상 기억하길 바랍니다.

실패의 자리에서 회복하는 기쁨 - 리치한 삶

부자란 별개의 세상이 아닌 주변에 사는 사람들입니다. 단지 부자끼리 돈 이야기가 잘 통해 공감대를 형성하면서 대화나 행동을 함께 합니다. 그런데 승자에게 성공이란 보상을 주지만 동시에 패자에게 벌칙을 주는 경우, 사회적인 보상이 이 패턴을 따르는 경우 불평등, 분노, 공분을 삽니다. 승자는 자신을 부자로 만들어준 경제체제를 바꾸려 하지 않을 것입니다. 기득권 승자가 지속적으로 독식하고 패자에게 변화할 기회가 주어지기 어려운 패턴이 극한까지 나갈 경우, 자유주의 경제체제를 위협할 수도 있습니다.

확실한 것은, 우리가 경제·경영을 비롯하여 인문사회 지식을 앞으로 쌓아간다면 돈을 많이 벌어 부자가 될 수 있고 더 나아가 사람들이 부유하게 살도록 도움을 주는 일을 할 수 있습니다. 아마 유효한 해결방안이라면, 바람직한 변화를 일으켜 사람들의 소득을 모두 증가시키거나 현재의 생활수준과 원하는 수준 사이의 격차를 결정하는 요인들을 바꾸는 것입니다.

또한, 많은 돈을 소비하지 않고도 다른 방법을 통해 더 행복해지도록 조작해나가야 합니다. 삶의 질은 고정된 풍요로움의 기준에 의해서만 결정되는 것이 아니라 자신이 좋아하는 것들을 충족시킴으로서 생겨나는 행복을 경험하면서 결정됩니다.

중국에는 '임금이 수척해져야 백성을 배불리 먹여 살찌을 수 있다.'라는 말이 있습니다. 임금이 신하들의 조언으로 인해 힘들어질 때가 백성이 풍족하게 살 수 있도록 정치를 잘하고 있는 상태라는 말입니다. 국가와 리더의 경제적 역할이 많은 사람들을 풍족하게 만들고 대부분이 행복해지도록 고민하는 것임을 다시 되돌아볼 때입니다.

그러나 우리는 몇 가지 불편한 현실에 직면하고 있습니다. 사람들은 제각각의 생각을 품고 있지만 자신과의 관계에서 불편할 수 있습니다.

예컨대 합리적인 사람 중에서, 의욕적 사람은 성공이나 성취를 개인적인 성과로 보고 실패나 과실은 타인의 탓 혹은 일시적·특정적 경우로 생각합니다. 또, 긍정적인 사람은 좋아하는 것이나 해야 할 것을 생각하고 행동합니다. 반대로 비관적인 사람은 자신의 성공조차 타인에 의한 결실로 보고 실패는 자신의 책임으로 비관하는 경향이 있습니다. 부정적인 사람은 좋아하지 않는 것이나 하지 말아야 할 것을 생각하고 행동합니다. 그러다보면 누구나 가진 자신의 매력을 경시하게 됩니다.

사람들과의 관계 속에서 암묵적인 합의에 의해 행동하는 경우도 불편할 수 있습니다. 생활 문화에서 불편하지만 당연하게 받아들여야 하는 암묵적 합의에는 통제되지 않은 부자와 대기업의 경제 지배, 경제적 불평등의 심화 등이 있습니다.

예를 들면, 부자들의 재산 세습이 후손의 소비와 투자의 활동을 증대시키는 것 이외에 불로소득 추구적 자본가가 지배하는 사회를 만들고 있습니다. 거대한 초국가기업의 성장이 경제의 발전에 큰 도움을 주지만 오너와 CEO를 극도로 보상해주려는 과대한 능력주의 및 대기업의 성공에 기반을 둔 상위층 집단이 형성된 사회를 만들고 있습니다. 이는 자산과 능력의 불균형이 불공평하다는 수동적인 생각과 얽혀 심화되면서 생활양식에 계급구조를 형성해 사회적 갈등을 초래할 염려가 높아지고 있습니다.

단순히 저소득층의 경제적 고통으로 끝나지 않고 결국은 부유층 및 경제사회에도 타격을 가할 수 있기 때문에 한쪽에서는 이러한 갈등을 해결하려고 노력하지만 다른 쪽은 정치적으로 이를 이용하려고 합니다. 우리가 살고 있는 민주주의 사회와 자본주의 시장경제가 전지전능할 정도로 완전하지 않기 때문에 습관적 지혜의 한계를 다시 생각해볼 필요가 있습니다.

그런데 21세기에 현대인들은 사람들 간의 사회적 관계를 예전에 비해 더 적게 합니다. 많은 사람들이 집에서 TV 등 미디어를 보면서 지내고, 젊은 사람들은 자신에 대한 걱정은 많지만 다른 사람들과의 관계에는 관심이 적습니다. 이에 따라, 사람들의 파티나 저녁 모임, 교회출석, 동호회활동 등의 단체 활동이 크게 줄어드는 대신 개인들은 타인과의 불편한 관계를 피해 자신 입장의 편한 삶을 추구하고 있습니다.

사회적으로 공동체의 참가가 축소되는 추세 하에서 경제활동, 즉 경제적 선택도 사람들과의 관계보다 자기 자신에게 편리하도록 달라지고 있습니다. 그 결과, 사회적 자본이 단체와 집단 활동의 축소로 인해 감소하고, 비사회적인 온라인, 로봇, 인공지능(AI) 같은 기술적 자본으로 대체되고 있습니다. 예를 들면, 우리 일상에서 과거 간단한 명령을 실행하던 인공지능이 챗봇 기반의 대화형 학습서비스, 드론에 착재된 감시형 무기 등 다양한 분야로 확대되고 있습니다.

사람들 간의 사회적 관계를 주로 하던 시절에는 상대적 소득이나 재산의 차이에 따른 경제적 불균형이 많은 사람들을 힘들게 함에 따라 돈이나 부유한 삶을 중요하게 생각하는 경우가 많았습니다.

그러나 사람들의 사회적 관계가 줄어들고 비사회적인 관계가 형성되는 지금부터는, 기본적 생계수준의 경제적 문턱을 넘어서면, 사람들 간의 상대적 소득이나 재산의 우위로만 리치가 되기보다는 자신이 사랑하는 것에 대한 절대적 가치로 부유하게 살아갑니다. 특별히, 자유주의(개인주의)가 자신을 사랑하여 자신과 친절한 관계를 형성하는 것이며, 자신을 소중히 대할 때 온갖 힘든 일을 헤쳐 나갈 수 있고 더 행복한 삶을 살 수 있음을 깨닫게 해줍니다.

쉽게 말하면, 보통 사람들처럼 재산을 모으는데 관심을 두고 가진 자원이 부족해도 합리적 판단과 행동으로 더 많은 물질적 풍요를 얻으면서, 또 내가 좋아하는 것을 하면서 얻는 정신적 가치를 통해 부유한 리치가 될 수 있음을 생각해봐야 합니다. 부유한 삶을 통해, 더 나아가 소득과 재산의 격차가 커지는 사회적 형평성 문제를 뛰어 넘어, 자신의 감사한 삶을 만들어줄 여러 상황을 끌어들여서 경제사회가 지속적으로 발전하는데 동행하시기를 바랍니다.

마치는 말

훗날의 우리가 더 잘 살기 위해 준비할 도전과 기회를 맞이하여, 이 책의 목적은 지식의 단순한 습득이 아닙니다. 물론 경제적 지식도 혜택이지만 정작 중요한 것은 일상생활의 다양한 주제들에 대해 아주 다른 사고를 하는 리치들이 많고, 나의 생각과 다른 결론을 내리는 사람들이 많다는 것을 배우는 것입니다.